CE QUE JE CROIS

DU MÊME AUTEUR

REJOINDRE DIEU (1940), Gallimard.
LIGNE DE FAÎTE (1942), Gallimard.
LA VALEUR HUMAINE DU SAINT (1943), Cahiers du Rhône.
LES COSAQUES ET LE SAINT-ESPRIT (1950), Amyot-Dumont.
L'AMÉRIQUE DES PYRAMIDES (1951).
MARIE-MADELEINE (1952), La Jeune Parque (1975), Albin Michel.
LA RÉPUBLIQUE AMÉRICAINE (1958), Gallimard.
L'HISTOIRE DE JÉSUS-CHRIST (1965), Grasset et Livre de Poche.
SORTILÈGES MEXICAINS (1966).
SI GRANDE PEINE (Chronique de 1940 à 1948), Grasset.
LE MONDE RENVERSÉ (1971), Le Cerf.
SAINT FRANÇOIS ET LE LOUP (1972), conte de Noël, Rouge et Or.
DIEU ET LA POLITIQUE (1972), Plon (Prix Malherbe).
LE CHAT BOTTÉ ET LE MANTEAU DE L'ÉVÊQUE (1973), Plon.
LETTRE OUVERTE À JÉSUS-CHRIST (1973), Albin Michel et Livre de Poche.
L'ANE ET LE BŒUF (1976), Plon (chroniques).
L'EVANGILE (1976), Albin Michel (Prix Chateaubriand). Traduction de R.-L. Bruckberger et Simonne Fabien. Commentaires de R.-L. Bruckberger.
TOUTE L'ÉGLISE EN CLAMEURS (1977), Flammarion.
TU FINIRAS SUR L'ÉCHAFAUD, mémoires (1978), Flammarion.
LE BACHAGA (1979), Flammarion.
LETTRE A JEAN-PAUL II, PAPE DE L'AN 2000, Stock.

Au théâtre :

Coauteur, avec Gertrud von Lefort et Ph. Agostini, du texte de Georges Bernanos : DIALOGUES DES CARMÉLITES.

Au cinéma :

LES ANGES DU PÉCHÉ (1943), avec Robert Bresson et Jean Giraudoux.
LE DIALOGUE DES CARMÉLITES (1960), un film de R.-L. Bruckberger et Ph. Agostini.
TU MOISSONNERAS LA TEMPÊTE (1967), un film de R.-L. Bruckberger.

Fondateur et directeur de la Revue littéraire « *le Cheval de Troie* » (1947-1948).

R.-L. BRUCKBERGER

CE QUE JE CROIS

BERNARD GRASSET
PARIS

En hommage à Arthur Koestler
avec ma gratitude et la mémoire du cœur.

Nos autem non sumus subtractionis filii in perditionem, sed fidei in adquisitionem animae.

Quant à nous, nous ne sommes pas fils de la soustraction et de la dérobade pour la perdition de notre âme; nous sommes enfants de la foi, pour l'acquisition et la croissance de notre âme.

Épître aux Hébreux, X, 39

Aujourd'hui les mentalités sont profondément imprégnées par les méthodes scientifiques. Or une catéchèse insuffisamment informée de la problématique des sciences exactes comme des sciences humaines, dans leur diversité, peut accumuler les obstacles dans une intelligence, au lieu d'y frayer le chemin à l'affirmation de Dieu. Et c'est à vous, philosophes et théologiens, que je m'adresse : cherchez les voies pour présenter votre pensée d'une manière qui aide les scientifiques à reconnaître la validité de votre réflexion philosophique et religieuse. Car il y va de la crédibilité, et même de la validité de cette réflexion, pour beaucoup d'esprits influencés, serait-ce à leur insu, par la mentalité scientifique véhiculée par les médias.

JEAN-PAUL II
10 octobre 1980

CHAPITRE PREMIER

L'univers et son sens

Avant Newton, combien d'hommes avaient-ils vu les pommes tomber du pommier? Ils n'en avaient tiré aucune conclusion sur l'ordre universel. « Le hasard ne favorise que des esprits préparés. » Le Pr François Jacob, qui cite ces mots de Pasteur, ajoute : « *Le hasard, ici, cela signifie que l'observation a été faite par accident et non afin de vérifier une théorie. Mais la théorie était déjà là, qui permet d'interpréter l'accident.* » A la différence de tous les hommes avant lui, qui pendant des millénaires avaient vu tomber les pommes, Newton se demandait déjà pourquoi les pommes tombaient à terre au lieu de s'envoler dans le ciel. Il eut ce trait de génie de comparer la masse de la pomme à la masse de la Terre ou de n'importe quel astre, ce qui lui permit de formuler, dès la fin du XVIIe siècle, les lois de l'attraction universelle. Sans doute Newton lui-même n'a-t-il jamais espéré que l'homme marcherait un jour sur la Lune, mais pour lui cette hypothèse n'était plus absurde. Il connaissait désormais l'essentiel de la mécanique céleste et, quand on connaît une mécanique, on peut imaginer à l'avance ce dont elle est capable.

Essayer de comprendre le monde qui nous entoure, cela se ramène toujours à regarder les pommes tomber du pommier et à s'étonner de les voir tomber plutôt que s'envoler. Que les lois de la gravitation universelle n'aient été formulées qu'au XVIIe siècle et par Newton, cela ne veut pas dire qu'avant lui tous ceux qui ont vu tomber les pommes étaient idiots. Cela veut dire que même les plus intelligents n'étaient pas préparés à ce hasard d'une pomme qui tombe, et surtout qu'ils n'étaient pas capables de s'en étonner. Ils y étaient habitués. L'habitude est l'ennemie la plus implacable de la découverte.

Si je parle de Newton et de sa pomme, c'est qu'au seuil d'un livre où je dois me déclarer moi-même et faire le départ entre ce que je crois, ce que je sais, ce que je devine, ce que j'ignore, il me semble que, pour la première fois de ma vie — mais oui! pour la première fois! —, je regarde vraiment tomber les pommes et pour la première fois je m'en étonne. Serais-je préparé et à quoi? Viennent donc les hasards heureux qui me permettront de comprendre! C'est vrai, je suis stupéfait.

Ce qui me stupéfie, moi, c'est le monde moderne. Rien de très original, ce monde moderne est fait pour l'épate. Malheureusement rien ne s'use plus vite que l'épate et l'épate n'est pas l'étonnement. En France, ceux qui disposaient d'un téléviseur ont veillé très tard pour regarder un homme marcher sur la Lune. Aujourd'hui c'est à peine si on lit dans les journaux l'annonce du lancement d'une fusée-sonde vers Mars ou Neptune. On se lasse vite des performances techniques, même des plus spectaculaires.

Ce qui m'étonne véritablement dans la civilisation moderne, c'est que, depuis trois siècles, les sciences de la nature aient fait un tête-à-queue, sans que cela ait eu une conséquence significative sur la philosophie et la théologie, au point que, savants d'un côté, philosophes et théologiens de l'autre, ont l'air de s'ignorer, de n'avoir en tous les cas rien à se dire. A la rigueur, je comprendrais que philosophes et théologiens aient peur des savants qui, depuis trois siècles, ne leur ont pas épargné les sarcasmes. Il reste étrange que les savants aient une frousse panique de la métaphysique et de la théologie; ils n'ont aucune curiosité à leur égard. Ils semblent tenir pour acquis que le discours métaphysique et théologique ne peut être qu'incohérent, dépourvu pour eux de toute signification. Ils croient — je dis bien *ils croient*, sans y être jamais allés voir, et sur ce point ils manquent singulièrement de courage —, ils croient que la connaissance scientifique moderne est absolument incompatible avec toute métaphysique, toute théologie et même avec toute religion.

Les murailles tombent au son des trompettes. Si je ne le croyais pas, je ne ferais pas l'énorme effort d'écrire des livres. Et je ne connais pas murailles plus larges, plus hautes, mieux construites et mieux défendues que les préjugés et malentendus, surtout dans les domaines les plus importants pour le destin humain : comme de savoir ce qu'il en est de l'univers, de son origine, de son idée directrice, si idée directrice il y a ; comme de savoir ce qu'il en est de la nature humaine, de son origine et de sa destination éventuelle. Pour faire s'écrouler préjugés et malentendus, rien n'est plus efficace qu'un livre bien fait, qui progresse lentement comme une procession autour de la ville assiégée, sans autre instrument de guerre que des trompettes :

Et au septième tour les murailles tombèrent.

Ce n'est que par le bruit des trompettes et ce n'est qu'au septième tour que les murailles tombèrent. S'il n'y avait pas eu les six premiers tours, et peut-être septante fois sept tours, et à chaque tour l'appel rituel des trompettes, jamais les murailles ne fussent tombées.

La conviction que la recherche scientifique moderne est un obstacle infranchissable entre hommes de science et la foi catholique est l'un des préjugés les plus compacts et les plus fortifiés. Ce malentendu se dresse devant moi comme la haute muraille imprenable. Quelle chance ai-je qu'il tombe devant ma petite trompette? Qu'importe? C'est peut-être le dernier tour des septante fois sept tours. Mais même si ce n'est qu'un tour parmi tant d'autres jusque-là inutiles, il faut bien que tous les tours prescrits soient faits sous la ville assiégée, pour qu'à la fin des fins, un jour entre les jours, les murailles s'effondrent.

Quand on considère attentivement et objectivement l'évolution des idées depuis trois siècles, on a l'impression d'une vaste partie de colin-maillard. Les partenaires ont les yeux bandés, ils se cherchent à tâtons, ne se reconnaissent pas, et à chaque fois qu'il y en a deux qui se rencontrent ils ne savent pas si c'est en amis ou en ennemis. La première chose à faire est que tous enlèvent des yeux le bandeau afin de savoir qui est qui.

Une chose est certaine, admise par tous les partenaires du jeu : celui d'entre eux qui mène le jeu, c'est la science moderne : elle domine tout, la vie et l'intelligence, c'est elle qui en définit le climat, c'est à partir d'elle qu'on peut savoir qui est qui, à partir d'elle que peuvent se nouer et se dénouer les alliances.

A la limite, c'est la science moderne qui

définit les règles du jeu, qui qualifie ou disqualifie les partenaires. Pour parler un langage très net et traditionnel, dans le jeu intellectuel de l'époque, c'est la science moderne qui définit l'orthodoxie de base : hors de cette orthodoxie, il n'y a pas de légitimité intellectuelle et on est disqualifié au départ. Chacun sait que, dans toute activité, surtout s'il s'agit d'investigation, de définition, de voyage, de jeu, d'exploration, rien n'est plus important que d'avoir des repères stables et indiscutés.

Comment peut-on définir ces repères, cette orthodoxie de base, qui règlent l'exercice de la science moderne? En deux mots : c'est la *souveraineté de l'expérience,* au sens même où Claude Bernard définissait l'expérience : une observation *provoquée,* dans le but de faire naître une idée ou un rapprochement d'idées parfois lointaines. C'est peut-être cet aspect *provocant et provocateur* qui me séduit personnellement le plus dans la recherche scientifique moderne. Pour des esprits paresseux et routiniers, il est dur et peut-être dangereux de vivre quotidiennement avec un agent provocateur.

C'est encore Claude Bernard qui écrivait : « *Un fait n'est rien par lui-même, il ne vaut que par l'idée qui s'y rattache ou par la preuve qu'il fournit.* » La méthode expérimentale commence par l'observation des faits, mais cette observation est critique pour éviter les interprétations abusives et précipitées. Les faits eux-mêmes ne sont perçus que par les sens, qui en transmettent les données à l'intelligence, laquelle réagit par l'analyse de ces faits, leur organisation, par l'hypothèse et l'édification d'un savoir cohérent, mais qui doit toujours rester ouvert, toujours prêt à démolir et à reconstruire, pour rester toujours en conformité avec ce que nous découvrent les faits, ce qu'ils révèlent de la réalité. Bref, c'est l'aventure. Ce que j'aime dans la recherche scientifique moderne, c'est qu'elle est aujourd'hui ce qu'ont toujours été la haute mer, la haute montagne, la grande forêt, le désert, ce qu'ont été autrefois la guerre et l'exploration : l'occasion incessante donnée à l'homme de faire face à l'imprévu. S'il y a ici-bas une personne continuellement déplacée et qui n'ait pas de demeure permanente, un enfant prodige et un enfant prodigue de notre civilisation, qui donne à pleines mains sans se faire des réserves, et qui ne sait pas lui-même le matin où il couchera le soir, c'est bien la recherche fondamentale et la science moderne. Je trouve ce train de vie merveilleux.

Telle est l'orthodoxie de base établie par la science moderne, telles sont les règles de l'exercice moderne de la pensée. Cette orthodoxie et ces règles, je les accepte sans réticences, j'ai donc le droit d'être reconnu comme un partenaire qualifié. Mais j'exige que ceux qui n'acceptent ni cette orthodoxie de base ni ces règles soient disqualifiés au départ et n'entrent même pas dans le jeu.

Je ne suis pas tout à fait ignorant des controverses présentes, à l'intérieur même des milieux scientifiques, entre physiciens et biologistes par exemple, sur l'« objectivité » de la science et sur le sens même à donner au mot « objectif ». La réalité est peut-être plus riche, plus foisonnante que ce que nos instruments et nos sens nous révèlent d'elle. L'angle même de nos recherches et l'énorme appareil technique qu'elles exigent modifient dès l'abord l'objet de nos observations. Mais enfin il s'agit toujours d'observer une réalité qui nous est extérieure et sans laquelle notre science elle-même s'évanouirait. Ces controverses subtiles n'auraient aucun sens si nous n'étions déjà lancés dans la conquête intelligible d'un réel, avec lequel notre première communication s'établit par nos yeux, notre ouïe, notre toucher, nos sens. Quelles que soient les querelles internes et les arguties, il y a une communauté moderne du savoir qui se constitue, je ne dis pas sur la primauté du sensible, mais sur son antériorité. Il n'y a aucune vérité, aucune certitude, aucune efficacité sur la nature, qui ne s'origine à la sensation. C'est cela qui définit l'ambiance d'orthodoxie qui s'est constituée autour de la science moderne et par elle. Et c'est exactement sur ce terrain qu'a eu lieu le divorce irrémédiable entre la science moderne et la philosophie moderne. Ici, il est indispensable de parler, même très brièvement, de Descartes.

Descartes fut un génial mécanicien de l'esprit. Son apport spécifique ne fut pas dans le domaine de la connaissance et de la conquête de la réalité, mais dans l'organisation systématique de l'esprit et de son activité pratique. Paul Valéry, qui comprenait tout, a très bien exprimé cela. Voici ce qu'il écrit : « *D'ailleurs l'intention de diminuer l'effort de chaque fois, et de substituer un mouvement uniforme — parfois une manière d'automatisme — à l'obligation d'inventer une solution spéciale pour chaque problème est fondamentale chez Descartes : elle est l'essence de la Méthode. Elle obtient par sa géométrie le plus heureux succès qu'ait jamais obtenu un homme dont le génie s'applique à réduire le besoin de génie et à réaliser une économie prodigieuse de pensée. Chercher une méthode, c'est chercher un système d'opérations extériorisables qui fasse, mieux que l'esprit, le travail de l'esprit. Et ceci se rapproche de ce que l'on peut obtenir ou concevoir qu'on pourrait obtenir par des mécanismes. Toutes les machines étonnantes qui permettent de calculer, d'intégrer à grande vitesse, dérivent directement de l'invention et de l'intention cartésiennes.* »

Cette page situe Descartes admirablement,

elle lui rend entièrement justice et lui fixe ses limites définitives. Descartes est l'auteur d'une révolution technique, d'un progrès technique déterminant, rien d'autre. Quand on a étudié de près le taylorisme, l'esprit, l'œuvre et les réalisations techniques de Henry Ford au début du siècle, on est stupéfait de constater la parenté de Henry Ford avec Descartes. Ce que l'un a fait dans l'activité logique de l'intellect, l'autre l'a fait dans la rationalisation de la fabrication. Pas plus que Henry Ford, Descartes n'est un philosophe : c'est un inventeur et un merveilleux mécanicien de l'esprit. Certes, cela n'est pas rien. Il est un spécialiste dans le faire, non dans le connaître. Aussi parfaite que soit sa mécanique, elle ne nous fait pas avancer d'un pas dans la connaissance de l'univers. Mais elle nous aide à classer, organiser, systématiser, conserver, formuler, les connaissances acquises d'autre part.

Le grave, l'embêtant, l'impardonnable, est que Descartes ne s'en tient pas à son invention. Il extrapole, il exagère, il prétend tout savoir et nous enseigner tout ce qui est du domaine de la philosophie. Il prétend nous dire tout ce qu'il en est de Dieu, de l'homme, de l'univers. J'ai la plus grande admiration pour Henry Ford dans son ordre, mais l'idée ne me viendrait pas de m'intéresser à ce qu'il peut avoir à dire de Dieu, de l'homme et de l'univers.

Lisons Descartes lui-même et le début triomphant de la *Méditation Troisième*, qui prétend nous parler de Dieu et nous démontrer qu'il existe : « *Je fermerai maintenant les yeux, je boucherai mes oreilles, je détournerai tous mes sens, j'effacerai même de ma pensée toutes les images des choses corporelles, ou du moins, car à peine cela se peut-il faire, je les réputerai comme vaines et comme fausses; et ainsi m'entretenant seulement moi-même, et considérant mon intérieur* [...] » Eh bien, bonne chance à lui! Le plus fort est que Descartes a entraîné toute la philosophie et tous les philosophes dits « modernes » derrière lui, nous donnant l'image parfaite de ce tableau du grand Bruegel, d'un aveugle qui conduit une bande d'aveugles vers le précipice.

Si vous croyez que ce mépris du sens et de la sensation gêne Descartes pour la connaissance de l'univers, vous n'y êtes pas du tout. Lisez encore la sixième partie du *Discours de la Méthode* : « *Premièrement j'ai tâché de trouver en général les principes ou premières causes de tout ce qui est ou qui peut être dans le monde, sans rien considérer pour cet effet que Dieu seul qui l'a créé, ni les tirer d'ailleurs que de certaines semences de vérités qui sont naturellement en nos âmes. Après cela, j'ai examiné quels étaient les premiers et les plus ordinaires effets qu'on pouvait déduire de ces causes; et il me semble que par là, j'ai trouvé des cieux, des astres, une terre, même sur la terre, de l'eau, de l'air, du feu, des minéraux et quelques autres telles choses qui sont les plus communes de toutes et les plus simples, et par conséquent les plus aisées à connaître.* »

Je ne sais l'effet que peuvent faire ces citations, qu'il serait facile de multiplier, sur un esprit libre et expérimental. Pour moi, elles indiquent la direction exactement opposée à une connaissance authentique. Descartes a proprement emmuré l'esprit en lui-même. Le malheur est qu'il n'en échappera plus, tournant à l'intérieur de lui-même comme un écureuil en cage. Mais il faut bien dire que c'est exactement cela que, depuis trois siècles, on appelle « philosopher ». La philosophie « moderne », de Descartes à Spinoza, de Kant à Hegel, de Heidegger à Sartre, est un enfermement. Les mots étranges de Sartre, qui sont absolument prodigieux quand on y réfléchit, résument parfaitement toute la philosophie moderne depuis Descartes : « *Le monde est de trop.* » C'est la formule parfaite de la schizophrénie.

Je sens bien ce qu'il peut y avoir de scandaleux de récuser ainsi d'un coup et globalement toute légitimité à la philosophie moderne de Descartes à Sartre. Pourtant dans quelques années, il n'en restera plus rien. Dans l'évolution des idées et de la pensée humaine, il y a des phénomènes comparables aux grandes mutations biologiques. Pourquoi les dinosaures, les énormes reptiles de la fin du secondaire, ont-ils subitement disparu de la surface de la terre? Je ne songe pas à nier les dimensions impressionnantes, dans le cadre de l'effort de l'intellect, de personnages aussi illustres que Descartes, Spinoza, Kant, Hegel, Fichte, Marx, Heidegger et Sartre. Je dis seulement, mais avec assurance, que leur temps est fini. Pourquoi leur temps est-il terminé? Parce qu'ils sont complètement étrangers à l'orthodoxie ambiante de la science expérimentale qui reconnaît la réalité du monde et le magistère des faits.

Dans le jeu animé par la science moderne, il devrait y avoir un partenaire au moins éliminé, parce qu'au départ il est disqualifié, c'est la philosophie dite moderne. Elle n'accepte pas, elle n'a jamais accepté, elle est incapable d'accepter les règles du jeu de la réalité. Depuis trois siècles, depuis sa naissance, elle vit dans l'enfermement, elle ne survit que de l'enfermement.

Une pomme tombe de l'arbre. Newton la regarde tomber. Le chien de Newton aussi la voit tomber. Newton et son chien ont à peu près la même sensation qui leur révèle le même fait. Le chien s'en tient là : que la pomme tombe, pour lui, c'est un fait, ça n'est qu'un fait. Pour Newton, c'est aussi un fait, mais il y ajoute un sens. Il élargit ce sens à tout le ciel et aux espaces infinis. Pour toutes choses, il en est de même : il y a le fait; et, pour qui sait voir et réfléchir sur sa sensation, il y a le sens du fait. Et ce sens peut avoir une portée infinie.

Claude Tresmontant est l'un de ces obstinés qui, à lui tout seul et avec sa seule trompette, a fait au moins une fois tout le tour de la haute citadelle. A propos des abeilles, il cite ces mots d'Aristote, et il faut se souvenir qu'Aristote vivait au IVe siècle avant Jésus-Christ : « *Telle est la façon dont paraît se faire la génération des abeilles, si l'on part du raisonnement et des faits qui semblent établis à propos des insectes. Mais les faits ne sont pas connus de manière satisfaisante. S'ils le deviennent un jour, il faudra se fier aux observations plus qu'aux raisonnements; et aux raisonnements dans la mesure où leurs conclusions s'accorderont aux faits observés.* » Ces lignes constituent une espèce de charte qui proclame la suzeraineté des faits sur le raisonnement. Cette charte fonde la science expérimentale. La même charte fonde la philosophie, du moins une certaine tradition de la philosophie. Mais y a-t-il une autre science que la science expérimentale? Et y a-t-il une autre philosophie, source de connaissance valide, que la « philosophie expérimentale » — ce qu'il est légitime que j'appelle la philosophie expérimentale, parce que, tout comme Newton, tout comme Aristote, elle raisonne à partir des faits, et ne craint qu'une seule chose : le démenti des faits?

Tresmontant ajoute à la citation d'Aristote : *« Voilà un texte qui serait soussigné aujourd'hui par tous les savants qui pratiquent la méthode expérimentale. »* J'ajoute, moi, qu'il ne serait soussigné ni par Descartes, pour qui les sens sont « trompeurs », ni par Spinoza, ni par Kant, ni par Hegel, ni par Sartre pour qui « le monde est de trop », ni par aucun des « grand philosophes » qui n'ont que faire de se soumettre aux faits. Mais le texte d'Aristote serait soussigné des deux mains par Thomas d'Aquin, par Gilson, par Maritain, par Bergson.

Serait-ce trop exiger de la communauté scientifique, qu'au lieu de couvrir de mépris, du même mépris, tous les philosophes et toutes les philosophies, les savants fassent l'effort de reconnaître les leurs? Serait-ce trop exiger que les savants reconnaissent qu'il y a deux traditions philosophiques contradictoires entre elles, exclusives l'une de l'autre? L'une qui proclame l'autonomie et l'enfermement de la raison humaine sur elle-même, et de celle-là, les savants n'ont que faire. L'autre, comme eux et avec eux, tout en utilisant le raisonnement (comme eux), s'incline (comme eux) devant le haut magistère des faits et devant la majesté du réel.

Tresmontant cite un autre texte d'Aristote : « *En partant de ces raisonnements, en contournant le témoignage des sens et en le négligeant, sous le prétexte qu'il ne faut suivre que la raison, quelques penseurs enseignent que l'univers est* [...] *Telles sont les causes pour lesquelles ces penseurs ont développé ces théories sur la vérité. Certes, d'après le raisonnement pur, il pourrait en être ainsi de l'univers, mais si l'on tient compte des faits, une pareille opinion ressemble à une folie (mania).* » Tresmontant conclut : « *Le mot " folie " est à remarquer, car, en effet, des théoriciens de la folie l'ont souligné au début de ce siècle : la folie ne consiste pas à ne pas raisonner. Il existe des fous qui raison-*

nent fort bien, et même beaucoup trop. Mais la folie et le délire consistent à raisonner sans tenir compte de la réalité objective. » A sa manière, Chesterton l'a dit dans une formule rigoureusement vraie : « *Le fou est un homme qui a tout perdu, tout sauf la raison.* » C'est vrai à la lettre, et c'est non moins vrai, et littéralement, de la philosophie moderne depuis Descartes. C'est pourquoi la philosophie a si mauvaise presse auprès des savants : on peut avoir pitié des fous, on ne les introduit pas dans une discussion sérieuse. Or, depuis Descartes, la philosophie moderne est proprement délirante, finalement insignifiante. A la limite, elle peut être considérée comme une œuvre d'art abstrait, mais elle n'a aucune fonction dans l'analyse du réel.

Ce qui ne veut pas dire qu'elle ne puisse avoir des résultats concrets désastreux, particulièrement quand elle inspire des idéologies politiques. Mais ce n'est pas la première fois que des fous ont une efficacité désastreuse en politique : de Caligula à Hitler, la liste est même longue de fous qui ont détenu le pouvoir politique. Caligula, Hitler, il s'agit là de cas cliniques délirants difficilement contestables. Mais il y a bien des formes plus sournoises d'aliénation politique et sociale : des écrivains aussi différents que Kafka, Courteline, Zinoviev, Voslensky, nous ont rendus particulièrement sensibles à ces formes non moins corrosives mais plus subtiles d'aliénation, qui, sur le corps social, n'en sont pas moins terriblement paralysantes et parfois meurtrières.

On me dira qu'il est difficile de considérer comme nuls et non advenus trois siècles de philosophie qui comptent les noms prestigieux que j'ai déjà énumérés et de ranger les œuvres de ces génies au magasin des rossignols. Cependant, dans l'histoire des sciences expérimentales, qu'a-t-on fait que de ranger au magasin des rossignols deux millénaires de médecine, qui n'était pas expérimentale? La médecine moderne, la vraie médecine, la médecine expérimentale n'a réellement commencé qu'avec William Harvey au XVIIe siècle. Elle n'a avancé, à pas de géants, qu'à partir du moment où Claude Bernard, en 1865, a défini les principes fondamentaux, encore valables aujourd'hui, de toute recherche scientifique, dans son *Introduction à l'étude de la médecine expérimentale*, alors que ces mêmes principes avaient déjà été énoncés clairement vingt-cinq siècles auparavant par Aristote. Il y a ainsi d'étranges et formidables éclipses dans la vie de l'esprit humain.

Et le système de Ptolémée n'a-t-il pas dominé le monde de l'astronomie du IIe au XVIe siècle? Il est incontestable que Ptolémée était un génie, mais son système était faux et n'a pas résisté à l'invention du télescope. Il a pourtant tenu quatorze siècles. La question se pose. Qu'est-ce qui fait tenir si longtemps des systèmes faux? Je pense que la raison humaine est naturellement inclinée au système, qu'elle y trouve une satisfaction profonde à la fois d'esthétique et de confort, et que rien ne nous est plus pénible que de remettre en question ce à quoi notre intelligence est habituée. On n'a jamais étudié, comme il conviendrait de le faire, les liens de causalité psychique entre la paresse, l'habitude, l'orgueil et l'aliénation. Dans tous les domaines, les grands progrès de l'humanité ne se sont faits que par l'humilité, la remise en question des situations acquises, une prodigieuse attention aux faits et aux signes, la faculté de les interpréter et parfois de leur imposer un sens jusqu'alors inaperçu. Je pense aussi qu'un homme n'aime pas vraiment la vérité sans qu'il y ait en lui un iconoclaste et un casseur d'idoles.

Au fond, dans toutes les disciplines de la connaissance, la pesanteur de l'homme l'entraîne vers l'*a priori* : il lui faut un véritable courage, et parfois de l'héroïsme, pour s'en tenir aux faits et pour raisonner à partir des faits et pour soumettre encore aux faits le résultat de son raisonnement. Pour ma part, je trouve qu'il y a quelque chose de réconfortant à constater qu'il faut beaucoup de courage pour maintenir toujours ce lien nourricier, ce cordon ombilical avec l'expérience, sans lequel la pensée la plus hardie n'est jamais que mort-née.

Il y a ainsi une ligne de démarcation, une ligne de faîte et de partage des eaux, qui définit et rejette de part et d'autre, sans aucune possibilité de rencontre, les deux manières de philosopher : une manière *a priori* et déductive; et une manière à partir des sens et de l'expérience. Depuis Platon et sans doute depuis Parménide, il y a une philosophie qui fait passer les idées et le travail de la raison avant l'expérience des sens. Et depuis Aristote, il y a une autre philosophie, qu'on peut appeler expérimentale, car elle prétend ne tirer toute sa connaissance qu'à partir de la sensibilité et de l'imagination, à partir de l'expérience. Pour cette seconde manière de philosopher, nos idées sont extraites (on dit ab-straites) de l'expérience sensible, et l'homme ne saurait former aucune sorte d'idées d'aucune autre manière. Rien n'existe dans l'intelligence qui ne soit d'abord tombé sous le sens.

Tout cela ne veut pas dire que tout soit mauvais dans Platon, Descartes, et dans toute la philosophie dite « moderne »; cela veut dire que les principes et la base en sont faux, car il leur restera toujours à prouver que, pour l'homme, les idées existent avant la réalité expérimentale.

Cela ne veut pas dire que tout soit bon dans Aristote et chez tous ceux qui se réclament de lui, cela veut dire que les principes de la connaissance qu'Aristote a énoncés sont pour l'homme la seule source de vérité. A chacun d'en faire bon usage, s'il le peut.

Cela ne veut pas dire non plus que les aristotéliciens n'utilisent jamais la déduction, ils l'ont souvent utilisée, et à certaines époques beaucoup trop, mais cela veut dire qu'il n'est valide d'utiliser la déduction qu'à partir de principes dont la certitude est solidement établie, que ce soit l'évidence de l'expérience sensible et critiquée, que ce soit de manière équivalente à partir d'un témoignage assuré d'un témoin digne de foi. Le *Petit Larousse* m'affirme que le mont Blanc a une altitude de 4807 mètres au-dessus du niveau de la mer et que Napoléon, né à Ajaccio en 1769, est mort sur le rocher de Sainte-Hélène en 1821 : je peux légitimement en tirer certaines conclusions à la condition que le *Petit Larousse* dise la vérité. De même, aucun aristotélicien ne contestera la validité de la géométrie euclidienne ou des mathématiques qui sont pourtant des sciences de type déductif.

Savez-vous ce qu'est l'entropie? C'est un mot inventé récemment, mais il n'a été inventé ni par les poètes, ni par l'homme de la rue. Il a été inventé par les savants. On juge bien des choses à l'oreille; le mot « entropie » sonne rassurant, il a l'air d'un brave mot bien honnête, avec une résonance positive. Avec un tel mot, on devrait pouvoir dormir sur ses deux oreilles. Eh bien! pas du tout. Voici la définition donnée par le *Petit Larousse* : « *Grandeur qui, en thermodynamique, permet d'évaluer la dégradation de l'énergie d'un système; l'entropie d'un système caractérise son degré de désordre.* »

Quand on réfléchit à cette définition, nul mot n'est plus alarmant, inquiétant, paniquant que le mot « entropie ». Sa signification est toute négative : il signifie déperdition, dégradation, usure, vieillissement. Et ces phénomènes ne sont pas cantonnés dans un petit coin de la réalité; les physiciens ont fait de l'entropie une loi aussi universelle que celle de l'attraction universelle. Depuis Carnot et Clausius, il y a maintenant plus de cent ans, cette loi d'entropie universelle s'appelle (de manière également rassurante) « le second principe de la thermodynamique », universellement vérifié en physique, selon lequel toute énergie se dégrade et tend infailliblement, à plus ou moins longue échéance, à son point zéro. Quand on pense que l'énergie est l'élément le plus fondamental de la matière, on se dit que notre monde va mal. L'univers n'a rien de plus pressé que de se défaire, il n'a qu'une hâte, c'est de se déglinguer. A son sujet, nous n'avons qu'une certitude, c'est qu'il ne peut pas durer indéfiniment : il y mettra le temps qu'il faudra, mais il est foutu.

Notre époque est tout à fait passionnante. Il y a comme ça des trucs que, dans mon enfance on m'enseignait comme étant des dogmes, et qui tout à coup sont devenus des vérités scientifiques. Il est intéressant de le noter : selon Thomas d'Aquin, même si le monde était éternel, il n'en demeurerait pas moins « contingent », ce qui, dans sa terminologie, ne signifie pas « produit du hasard » mais ce qui signifie l'impossibilité où le monde se trouve de subsister par lui-même et de lui-même, et donc la nécessité d'une création continue de cet être contingent. Si Dieu fermait un instant les yeux et qu'il retirât à lui sa main puissante, le monde entier s'évanouirait comme un songe. Cette idée de

« création continue » est à retenir : peut-être répond-elle le mieux aux questions les plus récentes que se posent les physiciens et les biologistes, en tous les cas aux questions qu'ils posent et que nous avons là, devant nous.

Ce qu'il y a de merveilleux avec la science, c'est que, au fur et à mesure qu'elle résout des questions, elle en pose toujours de nouvelles, et de toujours plus grandes, et de toujours plus inéluctables, et de toujours plus harcelantes, et qui nous ouvrent des abîmes sur lesquels nous avons peur de nous pencher. Ceux qui croyaient que la science était faite pour leur aménager un doux repos intellectuel, un sommeil sans rêves, se sont trompés. Prenez la physique par exemple, et l'astrophysique, ces sciences bouleversent notre conception du monde physique. Elles ont découvert l'entropie qui est un phénomène angoissant : le monde physique qui nous paraissait si solide est un pays peu sûr La terre y tremble constamment.

Le plus extraordinaire est que la physique soulève des questions qui ne dépendent plus de la physique, qui sont au-delà du champ de la physique, je veux dire des questions littéralement méta-physiques. Peut-être quelques savants trouvent-ils cela embêtant? C'est qu'ils ont peur et qu'ils n'ont pas l'esprit assez scientifique. Du point de vue scientifique, je trouve cela blasphématoire de dire d'une question, quelle qu'elle soit, et même si on ne peut pas y répondre, qu'elle est embêtante. Bienvenue, oui! bienvenue, à toute question qui se lève devant nous, et qui remet tout en cause de ce que nous avions cru savoir!

De l'univers scientifique moderne, je me fais l'image que la tragédie grecque nous offre du monde : il est peuplé d'errants et de suppliants, quelquefois aveugles, appuyés sur l'inflexible, la secourable, l'indomptable Antigone. Chacun de ces suppliants est une question, qui cherche à se faire admettre dans un foyer et qui se tient au seuil d'un sanctuaire. L'impiété serait de ne pas ouvrir la porte au suppliant, de le rejeter dans son errance. Oui, bienvenue à toutes les questions, même si c'est dans le sanctuaire qu'elles veulent entrer et que nous entrions avec elles!

Aujourd'hui nous savons, les physiciens savent, que l'univers est fini, que l'énergie qui est son élément de base, se dégrade inexorablement. La dégradation, l'usure, l'épuisement, le délabrement, le désordre, sont la fatalité de l'univers physique : je pense qu'il faut en conclure que cet univers n'est pas éternel. S'il était éternel, son énergie serait depuis toujours au point zéro, puisque depuis toujours elle aurait eu le temps de se dégrader totalement.

Si l'univers physique que nous connaissons n'est pas éternel, c'est que forcément, il a eu un commencement. A ce commencement, il est parti chargé, surchargé d'énergie. L'univers est un enfant prodigue qui, dès l'origine — et il y a eu origine et commencement —, a reçu toute sa part d'héritage, et qui dissipe inconsciemment sa substance au cours de siècles d'années-lumière. Que fait le temps à l'affaire? Il est aussi nécessaire que le monde ait commencé, qu'il est nécessaire qu'il finisse un jour, faute de combustible. Et s'il a commencé, avant qu'il ne commence — si toutefois ce mot *avant* a ici un sens, puisque le temps lui-même n'est que la mesure du mouvement qui précipite le monde vers sa fin — qu'y a-t-il eu? Rien?

Nous autres, nous avons pris le train en marche, et comme tous les voyageurs un peu curieux, nous posons les questions sur la provenance du train et sur sa destination finale. Voici la question qui se pose à l'homme qui exerce sa réflexion sur ces faits : pourquoi, comment, éventuellement par qui, l'univers a-t-il commencé? Cette question fondamentale me paraît simple comme bonjour, simple et inévitable.

Du moment que le temps ne fait rien à l'affaire, nous nous trouvons exactement dans la situation de policiers qui pénètrent dans une maison écartée et isolée qui n'a pas l'électricité et où un meurtre vient d'être commis. Il se trouve qu'une lampe à pétrole éclaire la scène. Ces policiers se posent les mêmes questions que nous devant l'univers qui use sa provision d'énergie. Ils se demandent qui a bien pu allumer la lampe, depuis quand elle est allumée, ils relèvent les empreintes digitales. L'idée ne leur vient pas que la lampe se soit allumée toute seule. Du moment que l'univers use sa provision d'énergie, qui l'a chargé d'énergie? Ce quelqu'un a bien dû laisser quelques empreintes.

Oui, ces questions sont simples comme bonjour. Elles arrivent par le chemin de tout le monde, comme Œdipe à Colone :

Par les dieux, ne refuse pas, étranger,
De répondre à un homme errant,
Ne le méprise pas!

Je m'étonne. Autant que de la hardiesse des savants dans l'investigation, je suis surpris de leur subite timidité, parvenus à un certain seuil. Ils ont tout l'air de se dire : après tout, ces questions, qui se posent aujourd'hui, hier encore ne se posaient pas, et on vivait très bien sans elles. Et comme on mourra avant que la lampe ne s'éteigne, il n'y a rien d'urgent. Que m'importe que le train aille jusqu'à Marseille, moi, je descends à Valence. Là où le moindre limier de police se poserait un tas de questions et tâcherait de rassembler honnêtement les éléments de la réponse, certains des plus grands savants restent en arrêt, refusent d'avancer d'un pas comme si le terrain était miné. Peut-être l'est-il?

Si les savants voulaient, ils pourraient tout au moins formuler la question, avouer qu'elle se pose, même s'ils ont décidé de ne pas répondre, ils pourraient laisser la place vide et dire clairement que la place est vide. Ils semblent ne pas le vouloir. Le mythe de la tour de Babel a sûrement une signification autre que celle qu'on croit. Si la tour reste inachevée, ce n'est pas que les hommes n'aient pu l'achever, c'est qu'elle commençait à toucher le ciel. Alors ils sont partis, sans vouloir achever la tour, tout en laissant croire qu'ils l'avaient achevée.

Pourquoi les savants ne disent-ils pas clairement que la vérité de l'univers, c'est le néant dont il vient, le chaos où il va, que la loi fondamentale de l'univers, c'est la pagaille, l'usure, le désordre? Saint Paul nous l'avait dit, il y a deux mille ans : « *La figure de ce monde passe!* » Elle passe même à toute vitesse.

S'il y a dans un tel monde quelque chose de surprenant, d'inexpliqué, d'inexplicable, de digne d'admiration et qu'on en reste la bouche ouverte et les yeux écarquillés, c'est l'ordre, l'ordre inattendu, toujours fragile, toujours nouveau, depuis l'organisation de l'œil jusqu'aux galaxies, depuis le ballet des électrons, dont on sait qu'ils existent mais qu'on ne voit pas jusqu'à la loi de l'attraction universelle, qu'on ne voit pas mais dont on voit les effets.

Si l'univers a eu un commencement, si à son commencement il a reçu sa pleine charge d'énergie, cela suppose une source plus haute d'énergie, une plénitude d'énergie. S'il y a eu charge, c'est que quelqu'un a chargé, a fait le plein d'énergie. Le néant avant, le néant absolu, sans rien ni personne, ça n'est simplement pas possible : s'il n'y a rien, éternellement il n'y aura jamais rien. Jamais. Victor Hugo l'a dit, en marge d'une page de vers :« *Il y a quelque chose. Donc il y a Quelqu'un.* » Pourquoi les savants ne le disent-ils pas assez haut pour qu'on l'entende? Ils ont peur de passer pour des curés? L'univers et son origine suréminente ne sont pas la propriété des curés. D'ailleurs nous vivons aujourd'hui une époque mentalement si incohérente qu'il suffit, pour se mettre les curés à dos, de dire que Dieu existe et qu'on l'a rencontré.

Des siècles d'habitudes bourgeoises, caissières, calculatrices, nous ont fait haïr la prodigalité. Comment accepterions-nous qu'elle soit la loi de l'univers? Nous y voyons le comble de l'immoralisme. Notre science elle-même a commencé ses investigations par tant de minutieuses observations, par tant d'opérations mathématiques compliquées, où il ne fallait rien ajouter, rien retrancher, rien oublier, par tant de pesées et de repesées au millième de milligramme près, cette science prudente, humble, habituée au pas-à-pas, tout à coup la voilà qui reçoit en pleine gueule, quoi? Le Don, le don infini, torrentiel, le don insondable et dangereux. Comment voulez-vous qu'elle accepte sans se méfier ce bonheur au-delà du monde, cette chance littéralement folle, incontrôlable, cette cataracte d'énergie vivifiante, donnée, donnée sans reçu, sans intérêts, et même à perte, oui certainement à perte indéfinie, et cela pour rien, pour tout? Et c'est ce qui maintient l'univers en marche.

Cette générosité première, sans mesure, inquiétante, indispensable, c'est l'Origine. On peut lui donner n'importe quel nom, elle est là, comme le Nil est dans la vallée du Nil, comme le Gange est dans la vallée du Gange, comme l'Amazone est en Amazonie. Puisqu'on peut lui donner n'importe quel nom, pourquoi ne pas l'appeler Dieu ? Mais ce nom, ça leur tordrait les tripes de le prononcer. Patience ! Cela viendra aussi en son temps.

Tout savant que vous soyez, vous mourrez aussi, mon brave ! Il viendra un moment où vous sentirez le monde vous manquer, et vous vous manquerez à vous-même. Peut-être, en un fugitif éclair, percevrez-vous alors que vous aussi, vous êtes un effet fiduciaire, peut-être même seulement un effet de complaisance, un chèque signé un peu trop à la légère et qui tout à coup n'est plus honoré. J'ai dit « honoré », cher Monsieur. C'est de cet honneur que vous manquerez le plus en ce monde.

Mais enfin qu'importent les mots ? Pour désigner cette prodigalité qui se cache et qui se révèle à la fois derrière l'entropie de l'univers, trouvez un autre nom que Dieu si vous le voulez, pourvu que ce nom désigne vraiment la Source haute et intarissable, le Principe et la clef de voûte de l'univers, l'Océan sur lequel il danse comme une barque. Cette Origine est là, elle déborde de partout, sans elle l'univers est aussi incompréhensible que le voyage de Christophe Colomb sans l'Atlantique. Je ne vous demande rien d'autre que de reconnaître ce qui est, ce qui est avec excès.

Mais vous êtes bizarre — j'ai dit bizarre! Que vos propres découvertes aient l'air de vous mener tout droit jusqu'à Dieu, cela semble vous flanquer la frousse, comme si votre tête était en jeu. Qui parle de vous couper la tête? Du coup, devant cette découverte énorme, inéluctable, vous adoptez instinctivement l'attitude du criminel devant ses juges : « N'avouez jamais! »

Einstein, lui, le plus grand de vous tous, avait laissé la porte ouverte. Ce qu'il a dit, c'est vraiment le moins qu'on puisse dire, mais il l'a dit, il n'a pas pu s'empêcher de le dire : « *En apparence, tout cela n'a aucun sens. Et pourtant il est impossible que cela n'en ait pas un.* » C'est toujours la même histoire, l'histoire de Newton, de son chien et de la pomme. De même qu'il y a la pomme qui tombe et le sens de la pomme qui tombe, il y a cet univers soumis à l'entropie et le sens de cet univers. Quel est ce sens caché et inévitable? Devant la pomme qui tombe, je préfère essayer de comprendre, tâcher de jouer le rôle de Newton, que de jouer le rôle du chien de Newton qui regardera éternellement les pommes tomber sans y trouver le moindre sens, sans même l'y chercher.

Il est possible que ce qui embête les savants, ce soit moins Dieu que les bondieuseries. Je vous le dis tout net : les bondieuseries nous embêtent tout autant et même beaucoup plus qu'elles ne vous embêtent, vous. Parce que nous, croyants, nous sommes solidaires des bondieuseries et même responsables. Et nous aspirons avec voracité à une religion débarrassée des bondieuseries. L'idéal serait, dans un premier temps, de pouvoir parler de Dieu comme du soleil ou d'une galaxie, abstraction faite, au moins provisoirement, des conséquences pour nous de cette rencontre formidable.

Après tout, quand je dis « Dieu », je veux dire que j'essaie de comprendre et que j'arrive à cette conclusion : il est impossible que tout cela n'ait pas un sens. Ce sens énigmatique, qui, quand j'essaie de comprendre, est aussi inévitable qu'indispensable, je l'appelle Dieu. Ce n'est pas beaucoup. C'est énorme. Ce devrait être sans offense pour personne.

Parmi tous mes maîtres — ceux qui m'ont appris à aller jusqu'au bout de mon expérience et de ma réflexion —, celui qui m'a le plus influencé s'appelle Thomas d'Aquin. J'ai toujours été plus que frappé — presque décontenancé — par la seconde Question de la *Somme théologique.* (La première Question étant réservée à des problèmes de méthodologie, la seconde Question est en réalité la première.) La voici formulée exactement : « *An Deus sit?* » « Y a-t-il un Dieu? » Et tout de suite après, sans enchaînement : « *Videtur quod non!* » « Il semble que non! » Suivent les objections à l'existence de Dieu, objections qui ont cours encore aujourd'hui. Et puis, bien sûr, toutes les raisons en faveur de l'existence de Dieu et la solution des objections. Telle est la structure de cette Question inaugurale du vaste et harmonieux traité. Le ton est d'une modestie sans pareille. Cela ressemble, cela ressemble vraiment au mot d'Einstein : « *En apparence, tout cela n'a aucun sens. Et pourtant il est impossible que cela n'en ait pas.* » Ce sens inévitable, Thomas d'Aquin l'appelle Dieu.

Et puis, c'est la longue litanie de ce que Dieu n'est sûrement pas. Autant il est forcé que Dieu existe, autant on se met le doigt dans l'œil si on s'imagine qu'on sait ce qu'il est. En la matière, l'imagination ne peut que nous jouer des tours. Il est plus sûr de dire ce que Dieu n'est pas que de dire ce qu'il est. Bref, je veux bien que les savants rigolent de la théologie, mais j'aimerais qu'ils sachent au moins ce dont ils rigolent. La connaissant d'ailleurs, ils n'en riraient plus. Einstein, lui, quand je lui en parlais, n'en rigolait pas. Il me répondait seulement : « Pourquoi pas? » Il se gardait bien de trancher. Plus encore qu'un savant, c'était une intelligence honnête. Je ne l'appellerais pas un « agnostique » : un qui sait que tout le visible a un sens dans l'invisible, celui-là n'est pas un agnostique : il parle de Dieu comme Thomas d'Aquin en parle au tout début de la *Somme.*

Einstein est parmi les plus grands, peut-être le plus grand, à cause d'ailleurs de qualités humaines qui débordent largement ce qu'on exige d'un pur savant. Il voyait bien la nécessité d'un sens invisible à l'univers visible. Le malheur pour la plupart d'entre nous, hommes modernes, est que nous sommes tellement fascinés par ce qui est visible que la seule hypothèse d'un monde invisible, où tout prendrait un sens final, nous paraît une escroquerie. La science — ou plutôt un scientisme primaire, intellectuellement très confortable — et une technique qui ne cesse de nous épater nous ont fait perdre le sens initiatique de l'univers visible, sa valeur de symbole, sa fonction d'analogie avec l'univers invisible. Mais à la fin des fins, la science débouche sur une Absence — quelque chose ou Quelqu'un qui existe mais hors de notre champ d'appréhension : c'est dire qu'elle nous laisse à notre solitude : en fait elle la rend plus aiguë et plus insupportable. En arriver là, ce n'est déjà pas mal.

Il n'en est que plus remarquable que ce soient les savants, et parmi les plus grands et aussi les plus jeunes, qui aujourd'hui parviennent au pressentiment de ce que serait l'envers invisible du monde visible. A ce point précis, la Parole de Dieu, sa Révélation peuvent faire irruption : il n'est plus absurde de penser que l'écluse puisse se soulever et livrer passage au torrent joyeux d'une vérité qui n'est pas de ce monde.

Aujourd'hui, ce n'est plus seulement sur la chute des pommes qu'il faut nous interroger, c'est sur tout ce que nous voyons et savons sur la nature, sur la vie, sur l'homme. Il faut nous interroger à propos de l'entropie, à propos de la dégradation fatale de l'énergie, à propos de tous les paradoxes du vivant et de l'homme, il faut nous poser des questions sur le sens total et invisible de tout ce qui existe. A toute l'immense communauté des savants du monde entier, on a envie de dire ce que le marquis de Sade disait aux Français en pleine Révolution : « *Encore un effort!* » Oui, encore un effort pour en savoir davantage. Ne bronchez pas sur l'obstacle, comme un cheval peureux. Que croyez-vous? Que ce sens ultime de l'univers vous sera donné sans effort? Sans que, d'une manière ou d'une autre, vous le méritiez? Ou bien avez-vous inconsciemment décidé de ne pas découvrir ce sens ultime, surtout de ne pas le formuler, de ne même pas l'évoquer? Est-ce là une attitude véritablement scientifique? « J'veux pas l'savoir! »

C'est la maxime de l'adjudant Flick, c'est aussi celle du chien de Newton. Elle n'est pas celle de Newton, elle n'est pas non plus celle d'Einstein. Sans me comparer à ces géants de l'esprit une telle maxime n'est pas non plus la mienne. Je crève de l'envie de tout savoir.

Eveillez-vous à la responsabilité qui est la vôtre. Discernez de quel esprit vous êtes. Découvrez où vous en êtes. N'ayez pas peur d'aller de l'avant. Vous avez déjà reculé si loin les frontières de la connaissance, pourquoi vous arrêter en si bon chemin ? Les questions métaphysiques sont hors de votre portée, de votre domaine, de votre compétence, me direz-vous. Je n'en suis pas si sûr; l'intéressant de notre époque est que la recherche physicienne et biologique jette un pont d'interrogation vers une autre rive. Il y a sûrement un saut à faire, mais chaque étape décisive de la connaissance est franchie par un bond en avant, en se jetant hardiment du connu vers l'inconnu. Tous maintenant, vous en savez assez pour vous poser la question fondamentale qu'Einstein, lui du moins, se posait explicitement : « *En apparence, tout cela n'a aucun sens. Et pourtant il est impossible que cela n'en ait pas un.* »

Einstein n'allait pas plus loin. Du moins allait-il jusque-là. Après? Après, le mystère! Ce qu'il y a de nouveau, depuis cent ans, depuis le temps de Renan, c'est que la science et les savants découvrent le mystère, non seulement un mystère de fait mais un mystère de droit, un inconnaissable, ils découvrent le mystère de toutes parts et ils découvrent la légitimité du mystère. Enorme renversement : nous sommes là aux frontières du sacré et du surnaturel. Les savants savent désormais qu'ils ne réduiront jamais le mystère, qu'il s'épaissira toujours davantage au fur et à mesure qu'ils avanceront dans la découverte du macrocosme et du microcosme.

Ils savent qu'ils sont investis de toutes parts, qu'ils sont assiégés par un mystère qui passe et dépassera toujours leurs instruments et leurs méthodes d'investigation, un mystère non mesurable, non réductible, ils savent qu'ils ne sauront jamais le tout de rien. Ils savent qu'il leur faut vivre avec le mystère et que, pour mieux vivre avec lui, il vaut mieux ne pas le haïr, ne pas l'ignorer, ignorer son existence. Ils savent aussi que ce mystère n'est pas le domaine de l'absurde, qu'il n'est pas le domaine de l'irrationnel, qu'il n'est pas le domaine du néant, qu'il n'est pas le domaine du défaut et de la soustraction. C'est au contraire le domaine du surplus et de l'accumulation, le domaine du surréel, du surrationnel et du surintelligible. Devant lui, c'est nous qui sommes en défaut.

Si nous sommes obligés de cligner des yeux devant lui, c'est que nous sommes comme les hiboux et les oiseaux de nuit : l'excès de lumière nous aveugle. Là où rien ne va plus, c'est quand la chouette interdit à l'hirondelle d'y voir en plein jour. Tout ce que la chouette a le droit de dire, c'est qu'elle, dame chouette, n'y voit rien en plein jour : pour elle, le mystère, c'est le jour. Mais pour l'hirondelle ou l'alouette, le matin ne fait pas mystère. Parce qu'on est hibou, il ne faut pas blasphémer le plein midi.

CHAPITRE DEUXIÈME

La hiérarchie de la vie

Et puis la vie!

La vie végétale. La vie animale. La vie humaine. Et puis, au-dessus peut-être, d'autres vies.

Avez-vous lu *la Logique du vivant*, du Pr François Jacob, prix Nobel de médecine? C'est un livre très instructif et des plus fascinants, paru dans les dix dernières années. Mêlée à une analyse scientifique de l'objet même de la biologie, il y a une apologétique des plus savoureuses, déclarée dès la première page par une maxime de Diderot, mise en épigraphe : « *Voyez-vous cet œuf? C'est avec cela qu'on renverse toutes les écoles de théologie et tous les temples de la terre.* » Ainsi dès l'abord, les choses sont claires : il s'agit de prouver que toute théologie (et bien sûr, pour Diderot, au premier chef la théologie catholique) est fausse et que toute religion est une imposture. Vaste programme, monsieur le professeur! Du moins êtes-vous bien honnête de l'énoncer clairement et dès la première page de votre prestigieux bouquin. Je me suis toujours méfié de l'apologétique et ce n'est pas le fait qu'elle ait changé de camp qui me réconciliera avec elle.

Dès la page 10, le Pr Jacob nous livre une définition de l'œuf qui, dans son acception la plus large, est en effet l'objet de la biologie. Il vaut la peine de lire attentivement : *« Ce qui est transmis de génération en génération, ce sont les instructions spécifiant les structures moléculaires. Ce sont les plans d'architecture du futur organisme. Ce sont aussi les moyens de mettre ces plans à exécution et de coordonner les activités du système. »*

Toutes différences gardées, et qui se préciseront, cette transmission spécifique qui constitue l'hérédité ressemble à ce qu'on appelle la livraison clefs en main d'une usine, avec en plus les agents essentiels et les ouvriers qualifiés pour que cette usine tourne de manière autonome. Le Pr Jacob poursuit :

« Chaque œuf contient donc, dans les chromosomes reçus de ses parents, tout son propre avenir, les étapes de son développement, la forme et les propriétés de l'être qui en émergera. L'organisme devient ainsi la réalisation d'un programme prescrit par l'hérédité. » Et voilà!

Ici apparaît dans l'ordre biologique un *« programme prescrit »* que je ne peux comparer qu'à l'*« impératif catégorique »* de Kant dans l'ordre moral, l'un et l'autre n'ayant d'autre justification rationnelle que d'être *prescrit* et *catégorique*. Le Pr Jacob ajoute sans aucun complexe : *« A l'intention d'une Psyché, s'est substituée la traduction d'un message. L'être vivant représente bien l'exécution d'un dessein, mais qu'aucune intelligence n'a conçu. Il tend vers un but, mais qu'aucune volonté n'a choisi. Ce but c'est de préparer un programme pour la génération suivante. C'est de se reproduire. »* Nous avançons à pas de géants dans l'intelligence du vivant. Le but de notre usine clefs en main est de fabriquer une autre usine clefs en mains, et de la fabriquer toute seule. Si vous n'êtes pas satisfait de ce *dessein* exécuté sans qu'aucune intelligence ne l'ait conçu, et de ce *but assigné* sans qu'aucune volonté ne l'ait choisi, c'est que vous n'avez pas l'esprit scientifique. Comment les plus grands biologistes modernes ne conçoivent-ils pas qu'ils sont en train de nous jouer une scène du Molière le plus moliéresque : « Et voilà pourquoi votre fille est muette! »

D'ailleurs à presque toutes les pages de son premier chapitre, le Pr Jacob récidive. Il semble pourtant que les savants éprouvent quelque plaisir à dissimuler au plus tôt celles de leurs découvertes qui crèvent les yeux. D'où la création de mots abscons qui camouflent plus qu'ils ne désignent des découvertes que les savants sont tenus d'avouer, mais qu'ils s'arrangent de dire sans les dire tout en les disant. Dans cet ordre de performances, le mot *entropie* est déjà très remarquable. Le Pr Jacob parle de « téléologie », alors que le *Petit Larousse* définit la téléologie :*« Ensemble de spéculations qui s'appliquent à la notion de finalité et aux causes finales. »* Évidemment si le Pr Jacob parlait simplement de « finalité » et de « causes finales », le lecteur risquerait de comprendre trop facilement. Mais il faut sauver le prestige du professeur et que le lecteur voie du mystère là où il n'y en a pas.

Voici donc : « *Longtemps le biologiste s'est trouvé devant la téléologie comme auprès d'une femme dont il ne peut pas se passer, mais en compagnie de qui il ne veut pas être vu en public. A cette liaison, le concept de programme donne maintenant un statut légal.* » Ah ! qu'en termes galants, ces choses-là sont dites ! Au premier abord, j'ai cru que le Pr Jacob faisait un canular. Mais non, il est visiblement sérieux et croit dur comme fer que la notion de programme neutralise et résorbe celle de finalité.

En clair, cela veut dire qu'un biologiste ne peut pas faire de biologie sans se compromettre avec la finalité, parce qu'il n'y a pas de mouvement sans but, ni de vie sans finalité. Or rien n'est plus embêtant que la finalité, on ne sait jamais jusqu'où elle peut vous mener. Alors les biologistes ont réussi ce tour de passe-passe qui est d'enfermer l'évidente finalité biologique, finalement trop voyante et trop remuante, dans l'étroite prison du programme génétique, comme les exorcistes du

XVIIe siècle prétendaient enfermer les esprits sorciers dans des bouteilles cachetées à l'émeri. Voici donc la finalité biologique confinée à l'intérieur du programme génétique : surtout, surtout, qu'elle n'en sorte pas! Le Pr Jacob écrit : « *Dans tous les cas, c'est la reproduction qui fonctionne comme opérateur principal du monde vivant. D'une part elle constitue un but pour chaque organisme. De l'autre elle oriente l'histoire sans but des organismes.* » Et encore : « *Avec le concept de programme appliqué à l'hérédité, disparaissent certaines des contradictions que la biologie avait résumées par une série d'oppositions : finalité et mécanisme, nécessité et contingence, stabilité et variation. Dans l'idée de programme viennent se fondre deux notions que l'intuition avait associées aux êtres vivants : la mémoire et le projet.* » La bouteille est bouchée, cachetée, étiquetée, casée dans son rayon : que désormais on la laisse vieillir en paix!

Je ne nie pas qu'une telle vue ne vaille pour le monde des insectes. Transportez des abeilles dans une île lointaine où il n'y a jamais eu d'abeilles, mais où il y a des fleurs, n'importe quelles fleurs. Les abeilles recommenceront leur travail d'abeilles et se reproduiront à la manière des abeilles. Mais il y a peu de chance, si dès sa naissance le bébé qui allait devenir le Pr Jacob avait été transporté et élevé chez les Lapons du Grand Nord, qu'il eût écrit et en français un livre intitulé *la Logique du vivant*. Comme dans les films de sorcellerie, l'esprit, qu'on croyait avoir bien enfermé dans une bouteille, surgit ailleurs, libre et taquin.

Il y a une différence capitale entre une usine clefs en mains, programmée pour fabriquer une usine-fille identique à la première, et l'œuf vivant noyau de l'hérédité. Sur l'usine jouera le phénomène de l'usure (l'entropie) : même si la nouvelle usine était capable de fabriquer une autre usine, et celle-ci une autre, l'entropie qui touche tout ce qui est physique finirait vite en dégénérescence. Au bout de peu de générations la lignée s'arrêterait définitivement.

Dans la transmission biologique, l'entropie ne joue plus. Le phénomène est renversé. Le nouvel organisme engendré se trouve normalement pourvu des éléments constituants de l'être vivant qui l'a engendré, parfois même il est plus riche, en tous les cas prêt pour une histoire nouvelle. C'est très étonnant, et on ne donne aucune raison qui suffise à expliquer ce surgissement de vigueur intacte qui nous surprend tous à chaque naissance.

Dans *Janus*, qui est un livre tout à fait extraordinaire, Arthur Koestler résume le renversement prodigieux qui s'opère de l'ordre physique à l'ordre biologique et il décrit les métamorphoses de la science qui correspondent à ce renversement.

« *C'est un physicien et non un biologiste, c'est Erwin Schrödinger qui a mis fin à la tyrannie de la seconde loi* (Deuxième Principe de la Thermodynamique) *dans une sentence célèbre : " L'organisme se nourrit d'entropie négative " (Je note en passant qu'entropie étant déjà une notion négative, et que deux négations équivalant à une affirmation, " entropie négative " est donc une notion positive signifiant le contraire de la dégénérescence : une re-création)* [...] *On emploie donc l'expression assez alambiquée d'" entropie négative " ou " négentropie " pour désigner chez les êtres vivants, la faculté de construire au lieu de perdre de l'énergie, la faculté de créer des structures à partir d'éléments simples, la faculté de construire des structures intégrées à partir de l'amorphe, la faculté de construire l'ordre à partir du désordre. La même tendance constructive se manifeste irrésistiblement dans le progrès de l'évolution, dans l'émergence de nouveaux degrés dans la hiérarchie organique et de nouvelles méthodes de coordination fonctionnelle, aboutissant à une plus grande indépendance par rapport à un milieu de plus en plus maîtrisé.* »

Bref il est extrêmement clair, bien que pour le moment cela reste inexplicable, que par opposition au domaine physico-chimique et au domaine de l'inanimé dont la loi est l'usure, le vieillissement, la perdition et la déperdition, la dialectique de la vie est au contraire la re-création, l'organisation, l'ordre et la mise en œuvre incessante de nouvelles énergies. Par rapport au monde inanimé, le monde vivant est miracle.

Koestler poursuit : « ... *Le biologiste Albert Szent-Györgyi, Prix Nobel, a proposé de remplacer " négentropie " chargé de connotations négatives, par le terme positif de " syntropie " qu'il définit comme " un mouvement inné dans la matière vivante tendant à la perfection de soi ". Il a également attiré l'attention sur l'équivalent au niveau psychologique : " un mouvement vers la synthèse, vers la croissance, vers la totalité et vers la perfection ".*

« ... *Le message fondamental en a été résumé avec une admirable simplicité par Szent-Györgyi, que l'on ne saurait accuser d'attitude antiscientifique : " La nature inanimée s'arrête au niveau inférieur d'organisation de molécules simples. Mais les systèmes vivants continuent, ils combinent des molécules pour former des macromolécules, ils combinent des macromolécules pour former des organites [...] et finissent par rassembler tout cela pour former la plus grande merveille de la création, une cellule avec ses étonnantes régulations internes. Et puis se poursuit le rassemblement de cellules qui forment des " organismes supérieurs " et des individus de plus en plus compliqués dont vous êtes un exemple. A chaque étape se créent des qualités plus complexes et plus subtiles, et pour finir nous rencontrons des propriétés qui n'ont aucun parallèle dans le monde inanimé, bien que les règles de base demeurent inchangées.*" »

De cette citation du grand biologiste hongrois, je retiens ce total renversement de dialectique quand on passe de l'inanimé au vivant : l'inanimé s'arrête et sa pente est la désintégration. Le vivant au contraire ne s'arrête jamais, il continue, il continue, vers toujours plus d'ordre, toujours plus de complexité, toujours plus de perfection. Reprenant les derniers mots de la citation, Koestler continue : « *Les " règles de base " sont ici les lois de la physique et de la chimie, qui restent valables dans le domaine des phénomènes biologiques, mais qui ne suffisent pas à les expliquer, puisque ces phénomènes n'ont aucun parallèle dans le domaine inanimé. D'où le postulat de la " syntropie " (ou " négentropie " ou " élan vital ") : mouvement inné dans la matière vivante tendant à la perfection de soi ou à la réalisation optimale de son potentiel évolutionnaire.*

« *Selon la théorie que je propose, ce mouvement inné provient de la tendance à l'intégration, expression plus spécifique que les termes cités plus haut, parce que cette ten-*

dance est inhérente à la conception d'ordre hiérarchique et qu'elle se manifeste à tous les niveaux, depuis la symbiose des organites au sein de la cellule jusqu'aux systèmes écologiques et aux société humaines. »

A l'origine, Koestler n'était pas un savant, c'est un écrivain, les mots ne lui en imposent pas, il en décortique la signification, et il a gardé une extraordinaire puissance de synthèse; alors que beaucoup de savants, même parmi les plus grands, se perdent et restent dans l'analyse. Dès que nous mettons le pied dans l'univers du vivant, nous sommes dans un royaume où les contrastes au lieu de s'annuler se renforcent et où toute limite par en haut est inconcevable : c'est le royaume à la fois de l'aventure et de l'ordre, de la croissance et de la hiérarchie, d'une complexité toujours plus grande et d'une plus grande simplicité, de la perfection indéfinie et de la nouveauté.

Il est tout à fait remarquable que, dans le phénomène de l'hérédité — en tous les cas pour ce qui concerne l'homme —, tout œuf nouveau, qui détient en lui-même tout son patrimoine génétique et tout son programme génétique, jouisse pourtant d'une singularité absolue. Le nouvel œuf a tout ce que ses géniteurs lui ont donné, mais d'une manière absolument nouvelle qui le rend définitivement différent de tous les individus de la même espèce, passés, présents, futurs, et même différent de ses géniteurs. Cette unicité, au sein d'une identité spécifique commune à tant d'individus, a quelque chose de prodigieux, de véritablement et absolument inattendu, surprenant, inexplicable et proprement vertigineux. Tout au long de son livre, le Pr Jacob démontre très bien que « *dans un être vivant, tout est agencé en vue de la reproduction* » d'un autre être vivant de même nature que ses géniteurs : or ce nouveau vivant est pourtant radicalement unique au monde, singulier. Cette singularité ne peut pas avoir sa raison d'être dans les géniteurs, ni dans le programme génétique transmis. A chaque génération, à chaque nouveau vivant engendré, il y a un surplus imprévisible qui relève d'un ordre plus vaste, à la vérité infini, et d'une causalité toujours débordante.

Pr Jacob, je vois votre effort constant pour enfermer à tous les coups à l'intérieur d'un programme défini, toutes finalités que vous avez dû réintroduire dans la biologie. On peut dire que, pour vous comme pour Lamarck, « *l'exécution du plan résulte donc d'une série de petites finalités accumulées* ». Mais dans l'exécution du programme génétique, à quelle " petite finalité " peut bien correspondre la singularité absolue du nouvel œuf? Par définition, cette singularité est hors du programme génétique, elle déborde nécessairement la capacité génétrice des géniteurs. Elle doit pourtant bien être l'effet d'une finalité, mais d'une finalité hors programme, de tout programme. Ce qui veut dire que le « statut légal » dont vous parliez a volé en éclats. J'ai peur qu'à partir de cette sacrée singularité — oui, sacrée, parce que privilégiée, inviolable et unique —, vous ne parveniez plus en biologie à faire sa part à la finalité. Il y a le feu à la maison et il dévorera tout. Vous serez tenu d'affecter toujours à la finalité un signe *plus*. Plus quoi, au juste?

Quand on observe de près, comme vous le faites, le vivant, cela fait beaucoup de choses, de plus en plus de choses, qu'il faut admettre et qui n'ont apparemment aucune raison d'être, aucune raison suffisante. J'admets, bien que cela me paraisse un peu court, que le vivant n'ait d'autre finalité que de reproduire un autre vivant. Mais pourquoi cette reproduction n'est-elle pas soumise à l'entropie qui frappe d'usure tout ce qui est matériel? Et pourquoi cette reproduction, du moins chez les vivants supérieurs, comporte-t-elle toujours une qualité de singularité qui affecte tout le nouveau vivant? L'univers vivant est visiblement plus vaste que vos analyses, que vos observations, que vos instruments de mesure ne le laissent supposer. Chez l'homme, la loi constante n'est pas seulement celle de la reproduction stricte, mais de sa reproduction avec toujours quelque chose en plus qui n'était pas prévu au programme. Ce quelque chose en plus, par définition échappe à nos catégories. D'où provient-il? Quand on y réfléchit, c'est vertigineux.

Ce qui m'ébahit, chez les savants comme vous, c'est le soin extrême avec lequel vous vous protégez de tout vertige. L'idée ne vous effleure-t-elle jamais que le vertige aussi pourrait faire partie de la réalité, qu'il pourrait en être une dimension essentielle? Monsieur le professeur, la singularité et même la finalité sont essentiellement vertigineuses : ne pensez pas pouvoir les enfermer dans une bouteille.

Combien Pascal me paraît être un vrai savant quand il écrit : « *Connaissons donc notre portée : nous sommes quelque chose et ne sommes pas tout. Ce que nous avons d'être nous dérobe la connaissance des premiers principes qui naissent du néant. Et le peu que nous avons d'être nous cache la vue de l'infini.* »

On ne manquera pas de me dire que je ne suis pas biologiste, que je n'appartiens pas à l'immense communauté des savants. De cela, je conviens volontiers. Mais il se trouve que je sais lire et que je suis curieux. Or les savants écrivent, ils écrivent même beaucoup, certains font un louable effort pour être compris. Pourquoi écrivent-ils sinon pour être lus? Alors qu'ils m'acceptent comme interlocuteur, du moment qu'ils me sollicitent comme lecteur. Moi, je suis écrivain, mon métier est celui des mots. Mon devoir est d'exprimer de manière claire et percutante, ce que pense, ce que ressent le tout venant, même un lecteur attentif du Pr Jacob.

Or je le dis tout net. Dès qu'on ouvre un livre d'une de ces sommités de la biologie, la plupart du temps, on ne peut se défendre de l'impression qu'on éprouve avec les romans policiers, dès qu'on met le pied dans la maison où se trouve un cadavre caché dans un placard. Dès qu'il est question, je ne dis même pas de philosophie de la nature, mais d'une simple réflexion approfondie sur ce que les biologistes eux-mêmes énoncent et disent, le sentiment que l'on éprouve est qu'on a affaire avec des gens qui veulent égarer la recherche, qui veulent éloigner les enquêteurs de la porte qu'il ne faut surtout pas ouvrir.

A ce point, le commissaire exaspéré est pris d'une furieuse envie de défoncer toutes les portes, de sonder les murs et les plafonds, de coffrer toutes les personnes présentes sous l'inculpation d'entraves à la recherche de la vérité. Il est évident qu'*on nous cache quelque chose*, qui est précisément ce qui nous intéresse le plus. C'est quand même une étrange impression dégagée par des livres qui se veulent scientifiques, qui sont sûrement scientifiques, et auxquels il manque si évidemment cette ambiance d'ouverture, de candeur, de loyauté, dont tout le monde s'accorde à dire qu'elle devrait être le climat de la recherche scientifique.

Toujours dans *Janus*, Koestler cite un mot de Darwin qui peut faire pendant au mot de Diderot sur l'œuf. Darwin écrit : « *Je me rappelle bien l'époque où j'étais tout glacé dès que je pensais à l'œil.* » Et Koestler commente : « *L'œil a toujours le même effet sur les tenants de la doctrine* (le néo-darwinisme). *C'est pourquoi ils évitent d'en parler ou l'éludent savamment* [...] *Quel joueur, si passionné fût-il, serait assez fou pour miser à la roulette de l'évolution aléatoire? La construction, par les poussières que porte le vent, d'un dessin reproduisant la* Mélancholia *de Dürer a une possibilité moins infinitésimale que celle de la construction de l'œil par les erreurs de la molécule d'ADN, erreurs d'ailleurs sans aucun rapport avec la fonction que l'œil aura à jouer ou commence à jouer* [...] *Comment une doctrine qui finalement ne répond à aucune question fondamentale a-t-elle pu se faire accepter par les biologistes et passer pour vérité d'évangile dans le public? Von Bertanlaffy répond en partie à la question : " Qu'une théorie si vague, si insuffisamment vérifiable, si éloignée des critères habituellement appliqués aux sciences expérimentales, soit devenue un dogme, cela n'est explicable à mon avis que pour des raisons sociologiques. La société et la science ont tellement baigné dans les idées du mécanisme, de l'utilitarisme et de la libre concurrence économique, que la sélection a remplacé Dieu comme ultime réalité*". » Voilà une analyse du darwinisme irréfutable et terrible.

Nous nous trouvons actuellement, en face du darwinisme et du néo-darwinisme, dans la même situation où nous nous trouvons en face de la philosophie dite « moderne » : ce sont là des dinosaures qui vont disparaître sous l'irrésistible poussée de la méthode expérimentale avec laquelle ils sont incompatibles. Les orthodoxies et les dogmes, philosophiques ou scientifiques sont des monstres dont l'énormité ne dissimule plus l'extrême fragilité. Notre époque est celle des grandes mutations. C'est en cela qu'elle est si excitante pour l'esprit.

Vous allez me dire que la science n'appartient qu'aux savants, que je ne suis pas un savant, que je n'ai donc qu'à la boucler. Alors vous, les savants, méfiez-vous de devenir une sorte de parti clérical scientifique. Pour les curés, la religion catholique aussi leur appartenait; et pour les militaires, la guerre aussi leur appartenait. Cela s'est très mal terminé pour la France avec la défaite de 1940; et pour l'Église catholique avec l'invasion du modernisme dans le clergé. Clemenceau n'était pas si bête quand il disait que la guerre est une chose trop sérieuse pour la confier aux seuls militaires; la science est devenue une chose trop importante, parfois trop dangereuse, pour en laisser le soin aux seuls savants.

Ne croyez pas que j'exagère. Le Pr François Jacob décrit froidement ce qui s'est passé à la fin du siècle dernier, au moment où triomphait ce que Koestler appelle le « dogme darwinien ». Voici ce qu'écrit le Pr Jacob : « *Toute la nature est devenue histoire. Mais une histoire où les êtres prolongent les choses, où l'homme s'aligne sur l'animal. L'introduction de la contingence* (je pense qu'il désigne le hasard) *dans le monde vivant par Darwin et Wallace représente pour la biologie le* TOUT EST PERMIS *d'Ivan Karamazov.Il n'y a plus de domaine réservé chez les êtres vivants, plus d'espace soustrait par principe à l'accès de la connaissance. Il n'y a plus de loi divine pour assigner des limites à l'expérimentation. Dans un univers privé de création et devenu gratuit, l'ambition de la biologie ne connaît plus de bornes. Si le vivant marche à l'aventure, s'il est vide de toute finalité, c'est à l'homme de maîtriser la nature.* » C'est évidemment clair, très clair. Et en plus cela fait froid dans le dos.

En plus, c'est faux, heureusement c'est faux, et j'y reviendrai tout au long de ce chapitre. Pour le moment, je ne fais que souligner les conséquences, pour l'homme du commun, de cette position prétendument scientifique. La référence au roman de Dostoïevski n'est pas là pour nous rassurer. Je la restitue exactement : « *Si vous détruisez en l'homme la foi en son immortalité, non seulement l'amour tarira en lui, mais aussi la force de continuer la vie dans le monde. Bien plus il n'y aura alors rien d'immoral. Tout sera autorisé, même l'antropophagie. Ce n'est pas tout. Il* (Ivan Karamazov) *termina en affirmant que, pour tout individu qui ne croit ni en Dieu ni en sa propre immortalité, la loi morale de la nature devait immédiatement devenir l'inverse absolu de la précédente loi religieuse; que l'égoïsme, même poussé jusqu'à la scélératesse, devait non seulement être autorisé, mais reconnu pour une issue nécessaire, la plus raisonnable et presque la plus noble.* »

Le Pr Jacob n'est ni un distrait ni un plaisantin, il pèse ses mots, il sait ce qu'il dit. La citation de Dostoïevski ne lui a pas échappé à la légère, pas plus que ne lui a échappé la citation de Diderot, mise en épigraphe de son livre. Pour moi, je lis les textes aussi sérieusement qu'ils sont écrits. Alors je pose une question au Pr Jacob. Quel est le but de la biologie, quel est son objet? Est-ce la connaissance analytique et systématique de l'œuf et de son développement? Ou bien est-ce la destruction des temples et de la théologie?

Corollairement est-ce la destruction de la morale chrétienne? Est-ce le TOUT EST PERMIS d'Ivan Karamazov? Vous y croyez, vous en l'autorité biologique de Diderot? Moi, pas! Par contre, je crois en la vôtre, c'est pourquoi je ne vous lâcherai pas que vous ne m'ayez répondu.

Je réclame seulement, mais cela j'ai le droit de l'exiger, que les biologistes ne s'occupent ni des temples, ni de la théologie, qu'ils restent dans le champ de leurs recherches propres, mais, qu'à l'intérieur de ce champ, ils n'étouffent aucune question, qu'ils laissent la bride sur le cou à leurs découvertes les autorisant à les amener là où ils ne voudraient peut-être pas aller, qu'ils fassent en toute loyauté et en tout héroïsme leur petit bonhomme de chemin de biologistes, accompagnés de leurs petites finalités enfermées dans des cages à oiseaux, et même éventuellement de leurs grandes et imprévisibles finalités, qui suivent leur caravane comme des lions familiers.

Or, à lire certaines déclarations de grands biologistes français, il semble que, depuis un siècle, le but final de la biologie soit de prouver que Dieu n'existe pas, afin de justifier leur volonté de puissance sans limites sur la nature et même sur l'homme. Alors la tentative des médecins nazis dans les camps de concentration a peut-être été mal menée, mais au départ elle était légitime dans son principe. Quand on affirme tranquillement que « *l'homme s'aligne sur l'animal* » et que « *l'ambition de la biologie ne connaît plus de bornes* », tout est permis en effet, et je ne vois pas pourquoi les médecins n'agiraient pas en conséquence. Hier c'était l'Allemagne nazie. Aujourd'hui ce sont les hôpitaux psychiatriques en Russie. Encore une fois, pourquoi pas ?

Je ne me lasserai jamais de le dire et de le répéter : le dogme, l'orthodoxie, l'inquisition ne sont pas toujours où on les croit. Sans avertir, le sommeil dogmatique a changé de camp, la liberté de pensée et de parole ne sont plus domiciliées là où elles ont encore pignon sur rue. A la fin du siècle dernier, un darwiniste désenchanté, Samuel Butler, écrivait : « *J'ai attaqué les fondements de la morale, et on s'en est soucié comme d'une guigne. J'ai déchiré les plaies du Rédempteur cloué sur la croix, et, ma foi, les gens ont bien aimé cela. Quand j'ai attaqué M. Darwin, ils ont sauté sur leurs armes.* »

Tout se passe actuellement comme si une part de la communauté scientifique — il faut le dire, la plus âgée — vivait quand même et malgré ses découvertes sur une orthodoxie jamais ouvertement avouée comme telle, et qui peut se réduire à ceci : le monde est matière et il n'y a de réalité que matérielle. Non seulement Dieu n'existe pas, mais en aucun cas il ne peut exister.

Au fond c'était déjà la position de Renan dans *l'Avenir de la Science* : « *Il faut dire du surnaturel ce que Schleiermacher disait des anges :* " *On ne peut en prouver l'impossibilité; cependant toute cette conception est telle qu'elle ne pourrait plus naître de notre temps; elle appartient exclusivement à l'idée que l'antiquité se faisait du monde* " [...] *Ce n'est pas d'un raisonnement, mais de tout l'ensemble des sciences modernes que sort cet immense résultat : il n'y a pas de surnaturel.* » Mais au temps de Renan, tous les savants, ses contemporains, avaient du monde une vision exclusivement mécaniste, close et sans finalité. Or c'est cette conception qui a volé en éclats, à la suite des métamorphoses subies par la science elle-même, particulièrement la physique et la biologie. Les découvertes scientifiques actuelles sont telles, elles provoquent de si profondes prises de conscience absolument nouvelles, qu'on peut se demander si, dans notre subconscient le plus profond, nous ne recommençons pas de nous poser la question de l'existence de Dieu. Un homme comme le Pr Jacob, malgré ses lauriers, fait une étrange figure d'attardé. La défensive aussi a changé de camp, et cette attitude défensive se trahit par un certain jésuitisme casuiste dans le comportement de certains savants.

De cette casuistique défensive, Koestler donne un excellent exemple. Il écrit : « *Dans un avenir peu éloigné, les biologistes se demanderont probablement quel sort on avait jeté sur leurs devanciers.* [...] *Il est certainement significatif que pour l'édition du Centenaire (1859-1959) de* l'Origine des espèces *de Darwin, publiée par Everyman Library, l'introduction signée d'un éminent entomologiste ait contenu des propos qui s'écartaient nettement de l'orthodoxie (darwinienne).* [...] *Peut-être est-il tout aussi significatif que, dans les éditions suivantes de* l'Origine des espèces, *cette introduction ait disparu?* »

Et voici le commentaire de Koestler : « *Cette situation dans laquelle des hommes de science se liguent pour défendre une doctrine qu'ils sont incapables de définir scientifiquement et moins encore de démontrer avec quelque rigueur scientifique, en essayant d'en maintenir la faveur auprès du public par le refoulement des critiques et l'élimination des difficultés, est une situation anormale et indésirable dans la science.* »

Dans le dictionnaire *Robert des noms propres*, l'article sur Darwin se termine ainsi : « *La théorie de Darwin (darwinisme) eut l'appui de nombreux savants, mais fut longtemps violemment combattue dans tous les milieux conservateurs et religieux, indépendamment de tout motif scientifique.* » Apparemment le *Robert* retarde beaucoup. La situation est aujourd'hui renversée. Aujourd'hui il faudrait écrire : « Longtemps le darwinisme fut soutenu par de nombreux savants, *indépendamment de tout motif scientifique.* » Quant aux milieux conservateurs et religieux du siècle dernier, ils avaient sûrement raison de combattre le darwinisme puisqu'il n'était pas scientifiquement fondé. Ils ont utilisé sans doute de mauvaises raisons. Dans l'histoire des idées et même de la science, il arrive souvent qu'on ait raison avec de mauvais arguments et qu'on ait tort avec de bons arguments.

Arthur Koestler, qui essaie de voir les choses telles qu'elles sont, termine ainsi un de ses chapitres : « *L'intentionnalité de tous les processus vitaux, la stratégie des gènes et la pulsion exploratrice chez les animaux et chez l'homme semblent indiquer que l'attraction de l'avenir est aussi réelle que la pression du passé. Causalité et finalité sont des principes complémentaires dans les sciences de la vie : si l'on ôte l'intentionnalité et la finalité, on ôte la vie à la biologie comme à la psychologie. Est-ce là du vitalisme? Si oui, je n'ai pas d'objection contre lui, et je citerai une remarque profonde de l'illustre vitaliste Henri Bergson : " Certes il se peut que le principe vital explique peu de choses, mais c'est du moins une sorte d'étiquette fixée sur notre ignorance pour nous en faire souvenir à l'occasion, alors que le mécanisme nous invite à ignorer notre ignorance* ". » Ce dont personnellement je suis sûr, c'est qu'il faut essayer de comprendre tout ce qu'on peut savoir. Mais quand on ne sait pas ou qu'on ne peut pas savoir, il vaut encore mieux savoir qu'on ne sait pas que de faire comme si on savait.

Koestler ajoute une citation du Pr P.-P. Grassé : « *Les efforts conjugués de la paléontologie et de la biologie moléculaire, celle-ci débarrassée de ses dogmes, devraient aboutir à la découverte du mécanisme exact de l'évolution, sans peut-être nous révéler les causes de l'orientation des lignées, de la finalité des structures, des fonctions, des cycles vitaux. Il est possible que, dans ce domaine, la biologie impuissante cède la parole à la métaphysique.* »

Pour ce qui est de la métaphysique qu'évoque prudemment le Pr Grassé, il ne s'agit sûrement pas d'une métaphysique dans la ligne *a priori* de Descartes en partant des « semences » déposées dans nos âmes, mais d'une métaphysique, qui a ses méthodes propres, et qui part de la même réalité expérimentale que les sciences de la nature. Ce n'est pas Descartes, c'est là encore Claude Bernard, qui devrait en enseigner les rudiments et les premières démarches.

Je ne donne de leçon à personne sur rien, je ne suis pas professeur, je ne serai jamais professeur. Que suis-je donc? Quel est mon rôle, quelle est ma fonction?

On connaît le rôle déterminant que jouent les abeilles et les papillons dans la fécondation des plantes. Ils butinent pour leur propre plaisir et dans leur propre intérêt et, tout en butinant, transportent d'une plante mâle à sa plante femelle les germes de fécondation dont celle-ci a besoin pour porter fruit. Je me fais un peu l'impression d'être une abeille ou un papillon. Dans ce vaste univers des découvertes scientifiques modernes, je ne joue que mon rôle à moi, je butine, un peu au hasard. Je n'ai peut-être pas l'air sérieux, mais l'entomologie nous apprend qu'un papillon peut, sans dessein préconçu, être à l'origine d'événements fécondants absolument décisifs. Il serait bien dans le style ironique de la nature et de l'auteur de la nature de confier à un pèlerin tel que moi un rôle de fécondation dans le domaine des idées.

Parmi toutes les structures de la vie, celle qui me fascine le plus, et de beaucoup, c'est la hiérarchie. Du bas jusques en haut, l'univers vivant tout entier est une structure hiérarchique. La vie c'est l'ordre, et pas n'importe quel ordre, mais l'ordre hiérarchique. D'abord il y a des niveaux d'organisation et de reproduction plus ou moins complexes et plus ou moins perfectionnés. Dans la reproduction, le passage de la scissiparité à la sexualité est une mutation qui bouleverse d'admiration. La complexité et l'organisation ne sont pas les mêmes au niveau de la bactérie et du mammifère. Le cerveau humain dépasse et de loin le cerveau élémentaire des reptiles ou des batraciens. Il est remarquable que ces différents niveaux ne soient pas isolés les uns des autres, qu'il y ait entre eux progression continue. Dans l'univers vivant, il n'y a pas d'isolement, tout se tient et l'analogie des structures et des fonctions court d'un bout à l'autre, de la molécule jusqu'aux fonctions cérébrales, et peut-être bien au-delà, c'est possible. Cette progression est une présomption en faveur de cet au-delà, mais il n'y a pas de preuve expérimentale directe de cet au-delà, sinon le témoignage des mystiques que Bergson jugeait éminemment recevable, même du point de vue expérimental.

Koestler cite la sentence d'un grand biologiste moderne et la vérité de cette sentence est reconnue par toute la communauté des biologistes : « *L'organisation hiérarchique d'une part, les caractéristiques des systèmes ouverts d'autre part, sont des principes fondamentaux de la nature vivante.* » Hiérarchie et ouverture par en haut sont indissociables, aussi importantes l'une que l'autre, inconcevables l'une sans l'autre, et ouverture par le haut signifie possibilité d'intégration du niveau inférieur par le niveau supérieur : ce sont là des découvertes dont nous n'aurons jamais fini d'épuiser les applications et la fécondité. Soit dit en passant, et dans tout l'univers de la vie, *il n'y a d'égalité que dans le désordre, le chaos et la mort.* Si l'égalité n'était qu'une utopie, elle serait peut-être supportable, bien que dangereuse. Mais elle est la négation de la vie.

Le mot « hiérarchie » vient du grec, où il signifie « échelle ». Mais la plupart des mots s'arrachent de leurs racines soit pour s'enrichir, soit pour s'appauvrir, soit pour bifurquer dans un sens marginal. Dans le cas présent, « hiérarchie » dit beaucoup plus et mieux qu'« échelle ». Koestler fait remarquer que le symbole de la hiérarchie dans le monde vivant serait mieux représenté par un arbre aux multiples ramures. Ce symbole de l'arbre rend compte en effet de la complexité des subordinations à l'intérieur du vivant, mais il rend mal compte de la subordination et des différents niveaux qualitatifs du vivant, ainsi que des caractéristiques du système ouvert.

Je cite ici quelques lignes de Koestler, qui me paraissent capitales et qui sont l'explication et la justification du titre de son livre *Janus* : « *En réalité, tout et parties au sens absolu n'existent nulle part, ni dans le domaine des organismes vivants, ni dans celui des organisations sociales. Ce que l'on rencontre, ce sont des structures intermédiaires à des séries de degrés, dans un ordre croissant de complexité, chacune d'elles ayant deux faces qui regardent en sens opposé. La face tournée vers le niveau inférieur est celle d'un tout autonome. La face tournée vers le haut est celle d'une partie subordonnée. J'ai proposé le mot " holon " pour désigner ces sous-ensembles à face de Janus.* » Le mot « holon » a été proposé par Koestler en 1967. Je pense qu'il recouvre la même réalité que le mot « intégron », proposé par le Pr François Jacob en 1971. Il semble que le mot « holon » soit pratiquement adopté, puisqu'on le retrouve ici ou là, sous la plume de gens qui ne savent même pas que Koestler est à son origine. Pour un mot, l'anonymat de l'origine est la consécration du succès.

Ainsi la hiérarchie vivante est toujours ouverte par le haut; pour autant qu'ils restent vivants, tous les holons intermédiaires sont toujours prêts à s'intégrer à un holon supérieur, plus vaste, plus subtil, plus complexe, plus vivant. Il y a une question qui se pose nécessairement. Quel peut être par le haut le sommet de la hiérarchie? Tous les holons étant des structures intermédiaires, l'homme, dans son activité vivante la plus haute, est-il lui aussi une « structure intermédiaire », prête à s'intégrer à une structure accueillante plus haute que lui? Et quelle peut être par en haut cette structure accueillante pour un être vivant dont les aspirations sont proprement infinies? Je pense que, lorsque saint Augustin parlait de notre cœur qui est sans repos et qui ne peut trouver de repos que dans Dieu infini, il tenait un discours que nous pouvons considérer aujourd'hui comme « biologique ».

Plus encore qu'un symbole matériel comme l'arbre, il existe une structure intellective qui est plus compréhensive de la hiérarchie. C'est ce qu'on appelle en philosophie l'*analogie*, admirable instrument d'invention, qui date de Platon, que Thomas d'Aquin et ses disciples ont parfaitement analysé et développé. L'analogie est une proportion de rapports, elle comporte quatre termes, distribués deux par deux, sur deux plans différents, et du plan inférieur nous pouvons inférer au plan supérieur qui ne nous est habituellement pas immédiatement perçu. Cela suppose évidemment une unité hiérarchique de l'univers dont la science nous impose de plus en plus l'image et la réalité. Quand je dis : « L'être intelligible qui est l'objet de l'intelligence est dans le même rapport avec l'intelligence que l'objet de la vision est avec l'œil qui le regarde », cela me donne une certaine compréhension de l'activité de l'intelligence que je n'aurais pas, s'il n'y avait pas cette proportion de rapports.

L'origine d'une invention est presque toujours une analogie. Pour Newton, la masse d'une pomme par rapport à la terre est comme la masse d'une planète par rapport au soleil, et il tire de cette analogie la loi de la gravitation universelle. L'analogie est une structure intellective souple, compréhensive de l'univers, d'une telle hardiesse qu'elle nous fait aisément franchir les abîmes et jeter des ponts du connu vers l'inconnu, ce qui est l'ambition même de la science. Il y a beaucoup de proportions de rapports qui soulignent, en même temps que les similitudes, les différences abyssales. Le berger est à son troupeau ce que le chef d'État est à son peuple. La métaphore n'est souvent qu'une analogie contractée. Quand je dis : « Dieu est le soleil des esprits », je veux dire : Dieu est au monde des esprits ce que le soleil est à l'univers des corps.

Une fois qu'on a compris ce qui est parfaitement démontré en biologie :
1/ que, à l'inverse du monde physico-chimique, le monde vivant ne subit pas l'entropie, n'obéit pas au second principe de la thermodynamique, mais qu'au contraire il reçoit constamment des poussées et des recharges d'énergies nouvelles;
2/ que la structure du monde vivant est hiérarchique, toujours et indéfiniment ouverte par le haut, chaque holon inférieur étant toujours susceptible de s'intégrer à un holon supérieur;

alors il n'y a plus aucune raison de s'arrêter en si bon chemin.

Il est évident que le vivant végétal ou animal intègre déjà par sélection une part de l'univers physico-chimique. Pourquoi, à un échelon supérieur, qualitativement supérieur, l'homme, qui est un esprit immergé dans la matière, ne participerait-il pas à une vie d'un autre ordre, pourquoi par sélection (par une liberté répondant à une vocation) ne pourrait-il pas s'intégrer à un univers purement spirituel, qui n'en serait que plus énergétique et plus vivant? En d'autres termes, s'il y a une hiérarchie visible du vivant, dont nous constatons l'existence, il n'y a pas de raison que cette hiérarchie ne se continue pas dans un univers invisible.

Il est remarquable qu'à la base la plus intime de l'univers matériel, il y ait des éléments qu'on ne voit pas, même avec les instruments d'investigation les plus subtils, et dont on sait pourtant qu'ils existent, qu'ils remplissent une fonction indispensable : ce sont les électrons. George Bernard Shaw remarquait que les électrons ont une fonction nécessaire et qu'ils sont aussi invisibles que les anges. Shaw n'était pas un physicien, ni un biologiste. C'était un écrivain, ce genre d'hommes dont il faut se méfier parce qu'ils ne sont enfermés dans aucune scolastique, ce sont des esprits libres : quand ils se mettent à comprendre les choses, on ne sait jamais jusqu'où ils peuvent aller et nous mener derrière eux.

A la réflexion, si, à la base de l'univers matériel, il y a des éléments invisibles, les électrons, pourquoi le sommet de la hiérarchie biologique ne serait-il pas couronné par une nouvelle hiérarchie, une hiérarchie invisible, que la tradition nomme la « hiérarchie céleste » ou encore « hiérarchie angélique »? Dans l'état actuel de la science, les électrons le prouvent, l'invisibilité n'est pas une objection valable contre l'existence de quoi que ce soit.

Il y a une autre conséquence, et qui me comble de joie, à cette découverte de la hiérarchie dans le cosmos biologique. On peut bien se rendre sourd et aveugle à la vérité, la vérité finit toujours par se faire entendre et par se faire voir de manière surprenante. Les absurdes théories sur l'égalité politique et sociale ont régné sur le monde depuis deux siècles. Certes elles y ont régné plus comme des utopies que comme des réalités, mais enfin elles ont fait régner sur le monde occidental leur hypocrisie : nous n'étions pas égaux, mais demain on le serait. Les hommes politiques n'osent pas heurter de front les préjugés égalitaires. Il y a aujourd'hui au moins un domaine où ces préjugés n'ont plus cours et sont tenus pour absurdes : c'est celui de la biologie. Comme tout ce qui est scientifique fait tache d'huile et pénètre rapidement les autres couches de notre culture, y compris la politique, il ne se passera pas beaucoup de temps que l'égalitarisme n'ait passé de mode. Quant à moi, j'aurai la joie de voir refleurir la maxime de Nietzsche, qui enchantait mes vingt ans : « Dans ce siècle populacier, l'esprit noble et bien né doit commencer chaque journée en pensant à la hiérarchie : c'est ici que sont ses devoirs, ici ses plus subtils égarements. » Il sera beaucoup pardonné à Nietzsche, pour avoir osé ériger au seuil de notre siècle cette véridique et arrogante maxime.

Les biologistes modernes, du moins les plus grands, ont horreur de ce qu'ils appellent le « *réductionnisme* », qui leur a joué tant de tours, qui les a entravés si longtemps dans la saisie de la foisonnante réalité. Ils se sont aperçus que la réalité vivante déborde de partout leurs analyses et leurs théories. Ils ont fait de louables efforts, pour ne pas appauvrir et restreindre cette réalité. Il n'y en a pas un aujourd'hui qui oserait dire que le cerveau sécrète la pensée comme le foie sécrète la bile.

Il y a une histoire que j'aime beaucoup. A la fin du siècle dernier, le jeune Max Planck se sentait très attiré par la physique et rêvait d'y consacrer sa vie. Il s'en fut demander conseil à un professeur qui était considéré comme un des meilleurs physiciens allemands. Celui-ci lui déconseilla vivement de devenir à son tour physicien : « C'est une carrière bouchée, dit-il au jeune homme. Nous avons tout découvert, on ne peut aller plus loin. Vous êtes un garçon intelligent, ambitieux : de grâce, choisissez une carrière où vous pourrez donner le plein de vous-même et vous faire un nom. Quelle autre discipline que la physique vous intéresse-t-elle? » Le jeune Planck avoua qu'il était passionné de musique. « Apprenez la composition musicale. En art, on peut toujours créer du nouveau! »

Max Planck devint musicien et composa une opérette que personne n'a jamais entendue. Puis, pressé par une vocation incoercible, il revint vers la physique avec les résultats que l'on sait : il révolutionna les principes mêmes de la physique. Toute la physique moderne est fondée sur sa théorie des *quanta*. Le vieux conseilleur était par excellence un « réductionniste ». Il ne faut jamais croire qu'une science est bouchée, qu'on y a tout découvert, qu'on a épuisé la réalité intelligible. Ce qu'il y a de merveilleux dans l'essor scientifique moderne, c'est que les chercheurs découvrent la réalité du mystère. En toutes leurs disciplines, ils savent qu'ils doivent toujours être prêts à remettre en question ce qui semblait acquis, et que finalement ils ne sauront le tout de rien.

Au XVIIIe siècle à Paris, l'Académie des sciences décrétait qu'il était à tout jamais exclu que le plus lourd que l'air pût jamais voler. Un petit peu plus d'un siècle plus tard, l'aviation naissait et nous en sommes aujourd'hui aux explorations interplanétaires : l'Académie des sciences avait été « réductionniste ». Pendant tout le XIXe siècle et jusqu'au début du XXe, le « scientisme », excellemment représenté par Renan, avait décidé une fois pour toutes que la métaphysique était impossible, illégitime à la racine. Comme à la fin du siècle dernier, toutes les jeunesses avaient envie de voler et qu'elles essayaient de faire voler le plus lourd que l'air, aujourd'hui toutes les jeunesses du monde ont envie de transgresser le physique et d'aller au-delà. Beaucoup d'indices nous font penser que la métaphysique est à la veille d'un essor superbe.

Nous avons accumulé les preuves que le « réductionnisme » va à l'encontre de la réalité et qu'il faut donc s'en méfier quand on est voué à l'étude de la réalité. Cela est surtout sensible en biologie quand on parle de hiérarchie et de finalité. Tout arrêt, toute limitation, sont alors ressentis comme arbitraires, comme l'effet du réductionnisme. Au cours du dernier demi-siècle, les découvertes se sont multipliées, qui ont matraqué la philosophie sous-jacente qui déterminait les réflexes de beaucoup de chercheurs, le scientisme. On a découvert que la matière n'est plus matière, qu'au niveau de l'infra-atomique, l'univers est positivement flou, incertain : « *La nature est imprévisible* », écrit Heisenberg, et Koestler de conclure : « *Ainsi depuis cinquante ans, depuis l'avènement de la théorie des* quanta, *il est admis chez les physiciens de l'école dominante (dite École de Copenhague) que la conception mécaniste, rigoureusement déterministe, de l'univers est intenable. Elle est devenue un anachronisme. L'horlogerie mécanique qui servait de modèle du monde au XIX*[e] *siècle n'est plus qu'un tas de ferraille, et, comme on a dématérialisé le concept même de matière, le matérialisme ne peut plus passer pour une philosophie scientifique.* » Peut-être pourrait-on comparer le déterminisme à une grille jetée sur la réalité, qui aide à la déchiffrer (comme dans les chancelleries une « grille » aide à déchiffrer un message), mais qui laissera toujours passer au travers de ses maillons, si serrés soient-ils, la part substantielle de cette réalité qui est aussi la plus fluide.

A l'autre bout de la réalité, dans le domaine du vivant, le renversement est encore plus spectaculaire. La réintroduction de la finalité, de la singularité du vivant et de la hiérarchie, l'impossibilité où nous sommes de les cantonner dans des limites plausibles, nous amènent à conclure que l'univers de la vie est couronné par une explosion de plénitude et de perfection, qui serait le centre infini et justificateur de toutes les finalités, aussi bien que le sommet indépassable de toutes les hiérarchies. De plus en plus le monde visible témoigne d'une haute source dont auraient jailli non seulement l'être, mais aussi l'ordre de l'univers et la vie, la vie bondissante comme une inépuisable cascade renversée vers le ciel. Encore une fois, je ne suis ni biologiste, ni physicien, mais je sais lire, et je lis ceux qui nous racontent ce qui se passe en physique et en biologie et qui est plus merveilleux que les contes qui enchantaient mon enfance. L'image qu'on me donne de l'univers serait celle d'une immense attente, d'une immense interrogation, presque d'un gémissement vers ce qui va venir, vers une délivrance dans l'esprit et le sens, l'image d'une femme en mal d'enfant.

Ce sont là les expressions mêmes qu'utilise saint Paul quand il définit le rapport de l'univers avec la vocation surnaturelle de l'homme à devenir enfant de Dieu. « *J'estime que les souffrances du temps présent ne font pas le poids quand elles sont mises en balance avec la gloire à venir qui se révélera en nous. La création entière est en gésine. Ce dont elle est grosse, c'est la révélation des enfants de Dieu. Malgré elle, la création a été soumise à la vanité en vue de Celui qui l'a soumise dans l'espérance. Mais la création sera libérée de la servitude de corruption et délivrée dans la gloire des enfants de Dieu. Nous le savons bien, jusqu'ici le sort de toute créature est de gémir et d'enfanter. Pas seulement la création, mais nous-mêmes qui possédons les prémices de l'Esprit. A l'intérieur de nous, nous gémissons, en mal de cet enfant qui est l'adoption des fils et le rachat de notre corps.* [...] *Même si l'objet de notre espérance est invisible, notre patience est à la mesure de ce que nous portons et qui sera délivré.* » Je cite ce texte étrange, non que je veuille lui donner la moindre portée scientifique, mais pour suggérer que la profonde réalité est infiniment plus riche, plus inquiétante, plus significative que nos instruments, nos analyses et nos équations nous porteraient à le croire.

D'Aristote à Thomas d'Aquin, à Bergson et à Maritain, l'histoire de la métaphysique est déjà longue. Je ne peux me défendre de l'impression qu'elle en est comme l'aviation à ses débuts, avec les coucous des frères Wright, de Santos-Dumont, de Farman, de Blériot; elle est à la veille de conquérir d'immenses espaces, à la condition qu'elle soit fidèle à la réalité et à la vaillance humble des premiers pionniers. L'immense travail d'investigation de la nature, auquel se livrent les savants, ne correspond pas seulement à une curiosité insatiable, mais tout ce travail débouche sur un sens transcendant. La sujétion à la vanité devient attente d'une délivrance. Par notre vocation suprême, nous sommes au centre et au carrefour de toutes les finalités. Nous découvrirons de mieux en mieux que nous appartenons au clan de Dieu et que l'univers entier est notre maison de famille.

On ne parvient pas à mon âge sans avoir le plus profond scepticisme quant à l'influence de la raison, je ne dis pas sur le comportement des hommes, mais même, ce qui est plus curieux, sur leur jugement. Il y a des évidences qui sont de mieux en mieux perçues par l'ensemble des savants et par l'ensemble des milieux cultivés, et qui n'affectent en rien des habitudes mentales directement incompatibles avec ces évidences. La philosophie matérialiste est clairement condamnée par les découvertes des sciences modernes, en particulier par la finalité, la structure hiérarchique, la singularité absolue de l'individu humain. Qu'importe? Non seulement les savants russes continuent de professer le matérialisme qui est leur religion d'État, mais, en Occident où nous sommes plus libres, bien des savants redoutent de briser avec les habitudes et les jugements scientistes du siècle dernier. Il ne viendrait pas à l'idée d'un journaliste d'éclater de rire au nez de Georges Marchais quand il affirme à la télévision le caractère « scientifique » du marxisme. Un professeur aussi éminent que François Jacob affecte de conférer quelque autorité biologique à une boutade de Diderot, uniquement parce qu'elle est anticatholique.

Koestler, qui n'est pas chrétien et qui est neutre autant qu'on peut l'être en ces matières, a bien montré combien les thèses de Jacques Monod sont celles d'un « terrible généralisateur ». N'empêche que Jacques Monod lui-même a défendu ses thèses jusqu'au bout et Dieu sait sur quel ton péremptoire. Ce ton péremptoire a impressionné beaucoup de braves gens qui ne pouvaient pas imaginer qu'un grand biologiste, Prix Nobel, se nourrisse de sophismes. De ce genre d'influence, Cavanna nous donne un exemple dans *les Russkoffs.*

« Je n'ai pas demandé à naître, je n'ai pas demandé à faire partie de ce clan-ci plutôt que de celui-là, je ne vois pas pourquoi je me refuserais le plaisir des émotions et des sympathies, puisque je suis bâti pour les goûter, pour les goûter très fort. Je n'ai aucune mission sur terre, aucune raison d'y être, sinon vivre, et vivre le moins douloureusement possible. C'est ce que je fais. [...] *Je cueille les fleurs du chemin, je me plais à leur parfum, je sais fort bien qu'elles ne sont que les organes sexuels des plantes, que ce n'est que pur hasard si je suis ainsi fait que j'ai plaisir à leur vue, à leur odeur, que ça n'a ni importance ni signification ni valeur symbolique, qu'il n'y a pas d'harmonie de la nature, rien qu'un enchevêtrement de hasards qui ne pouvaient pas ne pas être, parce qu'autrement ça ne tiendrait pas debout, je sais tout cela et je prends mon plaisir, je regarde, je hume, je vis. Puissamment. Je n'ai aucune raison d'être au monde, mais j'y suis, et, puisque j'y suis, je*

veux en profiter, ça ne durera pas. Merci, maman, merci, papa, de m'avoir fait aussi apte à vivre. »

Le hasard a vraiment bon dos. L'accumulation et l'enchevêtrement des hasards sont plus magiques qu'un tapis volant. Il en faut de la bonne volonté, pour y croire à ce point. Du moins voilà la preuve que le catéchisme de Jacques Monod a été fidèlement appris et bien retenu : 10 sur 10 pour le catéchumène Cavanna. Le seul malheur est que ce catéchisme est idiot. Dans la dédicace de son livre, Cavanna se classe lui-même dans la catégorie des « bons cons ». C'est son droit, mais il ne devrait pas en abuser.

L'arrière-plan mental, ce plan où se sont formées les structures intellectuelles de l'adolescence, celui-là est d'une lourdeur, d'une lenteur dans l'évolution vraiment incroyable. Il semble avoir l'immobilité et la solidité des montagnes. Cette structure mentale de savants qui ont dépassé soixante ans, semble, pour la plupart, être encore anticatholique et athée, tout simplement parce que, quand ils ont commencé leurs études, le scientisme était encore la doctrine officielle. Certes depuis cinquante ans les découvertes scientifiques les plus incontestables ont démontré l'absurdité du scientisme. Mais la plupart des vieux savants préfèrent garder cette orthodoxie sans la remettre en cause. Ils riraient si on tentait de les contraindre de revenir à la biologie de Diderot. Ils ne rougissent pas de faire leurs les slogans « philosophiques » de Diderot.

Cette orthodoxie scientiste a pour eux le mérite d'exister, d'avoir parfaitement anesthésié en eux toute cette partie de l'âme d'où pourraient surgir les questions métaphysiques. Il est infiniment curieux de voir des savants, si hardis dans leur métier, se montrer si timides quand se posent les questions fondamentales. « *J'estime parfaitement possible de passer ma vie dans la certitude que nous n'expliquerons jamais l'univers* », écrit Claude Lévy-Strauss. Et certes, l'univers ne sera jamais expliqué, que nous sachions cela est un immense progrès par rapport au scientisme. Mais autre chose est d'expliquer la totalité de l'univers, autre chose est de me poser les questions d'où je viens, où je suis, où je vais.

Certes, au cours des derniers siècles, beaucoup de savants se sont détachés de la foi catholique, irrités qu'ils étaient par la bêtise et la prétention de théologiens et d'apologètes qui prétendaient régler *a priori* des problèmes où ils étaient visiblement incompétents. A l'aube du monde moderne, l'orthodoxie catholique a souvent joué un rôle de blocage et d'obstruction dans la recherche scientifique, ce rôle même que joue l'orthodoxie scientiste aujourd'hui. Car ce qui est frappant, c'est que l'impérialisme sociologique catholique n'a pas réellement cédé la place à la liberté de l'esprit, mais à un autre impérialisme intellectuel, celui du scientisme. Le cas de Renan est typique à ce point de vue. Déjà Péguy lui reprochait, moins d'avoir quitté l'Église, que d'avoir organisé une contre-Église, d'avoir seulement changé de scolastique, de s'être agrégé à un cléricalisme athée et anticatholique aussi féroce et borné que le cléricalisme catholique le plus obtus.

Je pense que c'est de Descartes qu'il faut encore dater la naissance de cette forme d'athéisme particulière qui est l'athéisme rationaliste moderne. Cette pensée de Pascal, écrite d'une plume irritée, me paraît très juste : « *Je ne puis pardonner à Descartes. Il aurait bien voulu, dans toute sa philosophie, pouvoir se passer de Dieu; mais il n'a pu s'empêcher de lui faire donner une chiquenaude pour mettre le monde en mouvement; après cela, il n'a plus que faire de Dieu.* » Quelques années passées, c'est chose faite, on s'est passé de Dieu dès le départ : le hasard a remplacé la chiquenaude originelle. Voltaire, les Encyclopédistes, Renan, n'auront pas assez de sarcasmes pour ce qu'on appelait autrefois la « théodicée » et les preuves rationnelles de l'existence de Dieu. Il est vrai qu'au XVIIIe siècle, on ignorait en physique la nécessaire dégradation de l'énergie, élément fondamental de la matière, on était bien loin de se douter du rôle joué en biologie par la finalité et le principe hiérarchique : le mécanisme régnait sans conteste, en attendant le darwinisme. Au XIXe siècle, Renan faisait la théorie d'une Science (avec une majuscule) qui devait remplacer définitivement la religion. Les lignes que je vais citer sont extraites de *l'Avenir de la Science*, livre qui a servi de bible au rationalisme moderne et qui a été publié, il n'y a pas encore cent ans, en 1890. Ces lignes que je cite ont quelque chose de prophétique, elles dessinent la parabole de toute l'évolution de la pensée et de la société contemporaines et elles éclairent peut-être au plus profond la crise de la civilisation de toute la race blanche. Voici :

« ... *la science seule peut fournir à l'homme les vérités vitales sans lesquelles la vie ne serait pas supportable, ni la société possible.* [...] *La science ne vaut qu'autant qu'elle peut rechercher ce que la révélation prétend enseigner.* [...] *Je ne conçois la haute science, la science comprenant son but et sa fin, qu'en dehors de toute croyance surnaturelle.* [...] *L'œuvre de la critique moderne est donc de détruire tout système entaché de supernaturalisme.* [...]

« ORGANISER SCIENTIFIQUEMENT L'HUMANITÉ, *tel est donc le dernier mot de la science moderne, telle est son audacieuse mais légitime prétention.*

« *Je vais plus loin encore. L'œuvre universelle de tout ce qui vit étant de faire Dieu parfait, c'est-à-dire de réaliser la grande résultante définitive qui clora le cercle des choses par l'unité, il est indiscutable que la raison, qui n'eut jusqu'ici aucune part à cette œuvre,* [...] *la raison, dis-je, prendra un jour en main l'intendance de cette grande œuvre et, après avoir organisé la société,* ORGANISERA DIEU. » Les capitales sont de Renan. Il disait très bien ce qu'il voulait dire.

De cet univers scientiste, sûr de lui, si arrogant et proprement triomphaliste, que reste-t-il aujourd'hui? — Beaucoup plus qu'on ne croit. ORGANISER SCIENTIFIQUEMENT L'HUMANITÉ, cela me paraît avoir été tout le programme du monde moderne et qu'il mène à bien, aussi fortement dans les pays capitalistes que dans les pays du socialisme réel. Certes l'état limite de cette organisation de l'humanité se trouve réalisé dans le monde communiste. Mais nous nous tromperions gravement en croyant que nos sociétés occidentales sont exemptes de cette tendance à l'organisation scientifique : c'est même leur tendance essentielle, celle qui les définit profondément, celle qui explique leur socialisation et leur commercialisation avancée, leur égalitarisme, l'effacement progressif de l'individu singulier. Toute œuvre scientifique est une rationalisation du réel, et il n'y a de science que du général. Dans cette « massification » de nos sociétés et des activités essentielles de nos sociétés, le singulier est de trop. Ce qui veut dire que l'homme, dans ce qu'il a de plus précieux, sa singularité, est de trop. Comme Sartre disait que, pour la philosophie moderne, « *le monde est de trop* », dans le même sens, pour la politique moderne, pour l'industrie et le commerce de *mass production* et de *mass distribution*, pour les *mass media*, *l'homme singulier est marginalisé, il est de trop.*

Organiser scientifiquement l'humanité, c'est la rationaliser pratiquement et, de l'extérieur, lui imposer un déterminisme et des normes, la « normaliser ». Qui ne sait que ces mots mêmes, dont la résonance est tellement scientifique, de « normal », « normaliser », « normalisation », ont pris dans le monde contemporain un sens sinistre et littéralement effrayant. Le singulier, le personnel, devient a-normal, il relève logiquement de l'exclusion, c'est-à-dire du camp de concentration, ou peut-être de la rééducation, du lavage de cerveau, ou de l'hôpital psychiatrique dans la mesure où la médecine moderne a encore quelque chance de le « normaliser ». Quand on a lu les livres de Zinoviev, on comprend à quel point une société, dont le but pratique est la rationalisation, sécrète nécessairement la médiocrité généralisée. Mais je me demande sincèrement si, en Occident, la pression des *mass media*, et particulièrement de la télévision, n'aboutira pas au même résultat. La plus haute des civilisations tombe rapidement en décadence, quand elle est incapable de produire une élite, quand elle détruit ses propres hiérarchies internes et qu'elle ne dispose plus, pour illustrer son génie profond, d'êtres originaux d'une irréductible singularité. J'ai bien peur que, dans son ensemble, la race blanche en soit à peu près là.

Le texte de Renan va plus loin encore, puisqu'il assigne à la science la tâche d'ORGANISER DIEU. C'est bien le but que se sont assigné les modernistes, c'est bien le sens dans lequel on peut comprendre Teilhard de Chardin et en général l'entreprise moderniste au sein de l'Église. Dans cette perspective de l'« organisation de Dieu », tout surnaturel est évacué du christianisme, la foi cède la place à une idéologie, l'Église devient une bureaucratie et Dieu, au lieu d'être une cause première et une finalité suprême, n'est plus que la résultante d'une extrême rationalisation de la société, le sceau et le signe que l'homme a achevé son ambition de dominer la nature : *imperium naturae.* Rien n'empêche de se référer encore à l'union mystique telle que la définit Jean de la Croix : « *Deux natures en un seul esprit* », mais il ne s'agit et ne saurait s'agir que de l'esprit de l'homme qui veut bien tolérer l'idée de Dieu pourvu que cette idée soit le fruit de son propre génie.

C'est aussi par ce biais-là qu'on peut se dire à la fois chrétien et marxiste et qu'il y a convergence entre le christianisme et l'une quelconque des idéologies politiques dominantes, plus particulièrement le socialisme. Ce nouveau christianisme qui exclut tout surnaturel est-il encore le christianisme? Valéry disait :« *L'homme est trop complexe pour qu'on puisse l'expliquer en le rabaissant.* » Je dis qu'en rabaissant le christianisme, on ne l'explique pas du tout. Je lis Renan à la lumière de tout ce qu'il s'est passé depuis cent ans : je le trouve prophétique, clairvoyant et sinistre.

Ce qui me paraît extrêmement inquiétant dans la situation des démocraties occidentales, c'est que se développe en elles un processus qui va, essentiellement et fondamentalement, vers toujours plus de rationalisation, toujours plus de normalisation, toujours plus d'organisation, de telle sorte que, sans aucune pression extérieure, leur état limite, et comme leur finalité interne, se trouve être la société communiste qui, d'une manière très logique, élimine le Dieu de Jésus-Christ. Ce processus est tellement fort qu'il apparaît fatal. C'est l'attraction invincible d'un serpent sur un oiseau : on se trouve aux derniers moments, où l'oiseau a cessé de voler et de se débattre; il marche maintenant vers le reptile dont il est la proie désignée. L'oiseau pourrait encore échapper, car il a toujours des ailes, comme nos démocraties ont encore des libertés formelles, mais il ne le veut plus. A quoi peuvent bien servir des ailes et des libertés formelles contre une irrésistible fascination?

Pour ce qui concerne l'Église, elle me paraît

mille fois plus libre en Pologne qu'elle ne l'est en France, parce qu'en Pologne, malgré toutes les contraintes, la fascination est brisée, définitivement brisée, elle a cédé la place à une répulsion, du coup l'oiseau a retrouvé la puissance de ses ailes. Il est en tous les cas des plus significatif qu'en Pologne, la foi s'identifie à la liberté la plus élémentaire et qu'elle ne comporte aucune idéologie. Nous ne pouvons regarder à la télévision les manifestations religieuses polonaises sans un sentiment déchirant de nostalgie, comme un prisonnier derrière ses barreaux regarde les passants dans la rue. Oui, quand nous voyons le peuple polonais témoigner si simplement et si fortement de sa foi, nous nous sentons les fers aux pieds.

Dans les cinquante dernières années, la science a progressé à pas de géants, elle a transformé la face de la terre, mais elle n'ose plus se regarder dans le miroir de ses arrière-pensées. Quelles sont ces arrière-pensées? C'est le scientisme, l'orthodoxie athéiste qui tient toujours : après tout le rôle des orthodoxies est bien de tenir contre les évidences. Mais l'orthodoxie scientiste a mauvaise conscience, sa situation stratégique s'est subtilement renversée, d'assiégeante elle est devenue assiégée. Le bloc des structures mentales athéistes se fissure et à partir de ces fissures c'est la contamination du doute qui de l'intérieur contamine l'orthodoxie. Aujourd'hui, en 1981, un livre comme celui du Pr Monod est devenu impossible. Je crois même que le Pr Jacob ne publierait plus, tel qu'il est écrit, *la Logique du vivant*, qui ne tient aucun compte de la découverte de la singularité biologique.

Pour comprendre ce renversement stratégique, je vais définir une fois de plus l'« orthodoxie » scientiste. Il y a déjà assez longtemps, un théologien anglican, David Jenkins, écrivait, et c'est exactement dans cette atmosphère que j'ai vécu toute ma jeunesse et une partie de mon âge mûr : « *Le prestige de la science est si grand que ses étalons se sont introduits dans les autres domaines de la vie; la connaissance est devenue* CE QUI PEUT ÊTRE CONNU PAR L'ÉTUDE SCIENTIFIQUE. *Ce qui ne peut pas être connu de cette façon nous paraît en quelque sorte sans intérêt et positivement irréel.* »

Voilà bien, clairement définie, l'attitude scientiste. Tout ce qui ne relève pas de l'investigation scientifique est frappé d'irréalité. Il me semble que c'est encore la position de Hans Küng. Or c'est précisément cette position qui se fissure et s'effrite, comme il peut y avoir des fissures dans une centrale nucléaire.

Tout le monde reconnaîtra que je ne fais aucun affront aux savants en affirmant qu'ils ne sont fidèles à leur mission que dans la mesure où ils sont voués à la réalité. Mais leurs instruments et leurs méthodes ne leur donnent accès qu'à cette part de réalité qui est mesurable. Au-delà du mesurable, y a-t-il une réalité ou une possibilité de réalité? Toute la question est là. Il me semble qu'il est impossible de répondre qu'au-delà du mesurable, il n'y a rien. Je sais bien que la science étend chaque jour le champ du mesurable, mais elle sait de mieux en mieux que sous ce mesurable se tient une réalité qu'elle ne peut connaître qu'indirectement, qui lui résiste et lui échappe à la fois : c'est littéralement le champ immense des *substances* (*sub-stare* : se tenir sous).

Il y a donc plus que le savant qui soit voué à la réalité. Qui peut dire que le poète n'est pas voué à la réalité et qu'il n'atteint pas les substances? Il est remarquable de voir combien les savants, les biologistes en particulier, sont fascinés par les très grands peintres : ils admirent en eux une intuition directe de la réalité qui va au-delà des apparences et qui sonde d'un coup une réalité qui leur est inaccessible à eux, biologistes. Mais il n'y a pas que les poètes qui aillent au-delà des apparences : qui peut dire que le prophète ou le saint n'est pas voué à la réalité? Je ne connais pas plus belle maxime que celle de Catherine de Sienne : « *Infiniment respectueux de tout ce qui est.* » Catherine de Sienne était une mystique. Je crois la science moderne trop honnête pour fixer *a priori* des frontières infranchissables au réel.

Ici il faut citer l'admirable ouverture du Discours de Stockholm de Saint-John Perse : je crois que pour la bien comprendre, il faut s'en imprégner comme on écoute et réécoute une symphonie qui finit par donner son rythme aux mouvements de votre cœur : « *Quand on mesure le drame de la science moderne découvrant jusque dans l'absolu mathématique ses limites rationnelles; quand on voit, en physique, deux grandes doctrines maîtresses poser, l'une un principe général de relativité, l'autre un principe " quantique " d'incertitude et d'indéterminisme qui limiterait à jamais l'exactitude même des mesures physiques, quand on a entendu le plus grand novateur scientifique de ce siècle, initiateur de la cosmologie moderne et répondant de la plus vaste synthèse intellectuelle en termes d'équations, invoquer l'intuition au secours de la raison et proclamer que " l'imagination est le vrai terrain de germination scientifique ", allant même jusqu'à réclamer pour le savant le bénéfice d'une véritable " vision artistique ", n'est-on pas en droit de tenir l'instrument poétique pour aussi légitime que l'instrument logique?*

« ... *Par la pensée analogique et symbolique, par l'illumination lointaine de l'image médiatrice, et par le jeu de ses correspondances, sur mille chaînes de réactions et d'asso-*

ciations étrangères, par la grâce enfin d'un langage où se transmet le mouvement même de l'Être, le poète s'investit d'une surréalité qui ne peut être celle de la science. Est-il chez l'homme plus saisissante dialectique et qui de l'homme engage plus? Lorsque les philosophes eux-mêmes désertent le seuil métaphysique, il advient au poète de relever là le métaphysicien; et c'est la poésie, non la philosophie, qui se révèle alors la vraie " fille de l'étonnement ", selon l'expression du philosophe antique à qui elle fut le plus suspecte. »

Le seul mot « surréalité » eût fait grincer Renan des dents et combien de savants à son époque. Le seul fait qu'aujourd'hui on puisse prononcer ce mot de « surréalité » et à Stockholm, devant l'Assemblée même qui distribue les prix Nobel y compris aux biologistes et aux physiciens, ce fait me paraît immense. J'écris en 1981. Aujourd'hui le malaise de l'esprit, et il est grand, ne provient plus des outrecuidances de la science et des savants : les plus grands d'entre eux ne se reconnaissent plus dans l'outrecuidance et sont admirables d'ouverture d'esprit et de respect non seulement du réel, mais éventuellement du *surréel.* Non, le malaise de l'esprit provient de ce que les philosophes ont déserté le seuil métaphysique, de ce que les théologiens tentent de rationaliser le surréel révélé. Certains affectent même de croire que cette révélation est illusoire. Restent les poètes, les mystiques et les saints.

Le théologien aussi est voué au réel, le *surréel,* si l'on veut, par opposition au réel scientifique qui n'est que l'écorce du réel puisque la connaissance scientifique se limite au mesurable et n'atteint qu'indirectement les substances. La foi, principe de la théologie atteint directement les substances, tout comme l'intuition artistique. La réalité se révèle en effet à différents niveaux, on peut l'appréhender selon des principes différents : c'est ce que Saint-John Perse explique si clairement.

Il me semble que vous, savants modernes, qui avez désormais l'intuition de la hiérarchie et donc de l'analogie de l'être, qui reconnaissez la validité même en science d'une « *véritable vision artistique* », qui savez désormais pour sûr que tout le réel n'est pas pour autant visible et mesurable, devriez admettre volontiers au moins la possibilité de disciplines et de modes de connaissance différents du vôtre, sans pour autant vous sentir frustrés. Pour nous tous, savants, poètes, philosophes, théologiens, une seule chose devrait compter, la sainte réalité et le respect de cette réalité et, selon les expressions de Simone Weil, la nécessité de conjuguer tous nos efforts pour retrouver « *le pacte originel de l'esprit avec l'univers* ».

Non seulement par vos soins, la hiérarchie et l'analogie sont réhabilitées, mais vous méprisez ce que vous appelez le « réductionnisme ». Dès lors êtes-vous incapables de vous poser la question : est-ce que la réalité qui relève de vos méthodes, de vos instruments, de vos observations, est *toute* la réalité, ou n'est-elle qu'une frange peut-être infime de la réalité? Et cette autre part de la réalité qui vous échappe ne vous échappe-t-elle que provisoirement, comme une étoile que vous n'êtes pas encore parvenus à situer parce qu'elle est trop loin et que vos télescopes ne sont pas encore assez puissants, ou bien vous échappe-t-elle par nature parce qu'elle se tient sous le mesurable et que ni vos méthodes ni vos instruments ni vos investigations ne peuvent même l'effleurer?

Vous admettez bien désormais que dans chaque homme il y a une part de mystère irréductible, puisque chaque homme est absolument singulier et qu'il n'y a de science que du général : dans l'organisme humain vous relevez les marques et les empreintes de cette singularité. Du moment que vous constatez cette frontière, inviolable pour vous, du singulier, vous reconnaissez qu'une part de la réalité, impossible à évaluer, vous échappe; qu'elle vous est, non seulement inconnue, mais inconnaissable. La découverte de cette barrière établit à jamais cette vérité : la science n'est pas et ne peut pas être totalisante du réel.

C'est là une grande vérité, qui va tout droit à l'encontre de ce que Renan croyait, disait, proclamait, il y a cent ans, lui, et tout le monde scientifique avec lui. Depuis ce temps-là, que de chemin parcouru! C'est une chose merveilleuse que de savoir. C'est une chose aussi merveilleuse de savoir qu'on ne sait pas. C'est une chose tout aussi merveilleuse de savoir qu'on ne peut pas tout savoir par nos propres moyens. C'est une chose encore plus merveilleuse de savoir que ce qu'on ne peut pas savoir par ses propres moyens peut éventuellement vous être raconté par ailleurs par quelqu'un qui sait, et qu'ainsi vous pouvez vous-même l'apprendre par ouï-dire. C'est exactement ce que dit l'Évangile de Jean :

Dieu, nul ne l'a jamais vu.
Le Fils Unique, qui est dans le sein du Père,
Lui, nous en a fait la narration.

Pour justifier la possibilité de la révélation et de la foi, je n'en demande pas plus. Il me semble que ce peu est beaucoup, mais que j'ai le droit de l'exiger. J'exige de vous, savants, le droit au mystère et à la révélation éventuelle de ce mystère.

CHAPITRE TROISIÈME

La révélation de Dieu

Dieu, dis-je.

En 1981, comment prononcer ce nom? Quel sens lui donner? Quel contenu? Comment déceler sa puissance d'attraction ou sa force de répulsion? Pire encore, comment surmonter l'indifférence, l'impuissance, le haussement d'épaules? Comment faire resurgir ce mot comme un mot neuf, alors qu'il a sans doute l'âge de la conscience humaine? Comment l'extraire de toutes ses gangues historiques, de toutes ses rouilles, de toutes ses souillures? Comment le débarrasser des sarcasmes de Nietzsche, des condescendances de Renan, des violences de l'Inquisition, des acrobaties logiques de la scolastique, des fables de toutes les mythologies, des ostracismes et des anathèmes? Peut-être faut-il toute la hardiesse musicienne et guerrière de la Pologne millénaire et persécutée, et toute l'autorité d'un pape en effet polonais, pour prononcer ce nom sans risquer aujourd'hui la dérision ?

Je dis Dieu, et rira bien qui rira le dernier! Reconnaissons d'abord le prodigieux renversement qui s'est opéré au cours du dernier demi-siècle et même au cours des toutes dernières années, dans la conception scientifique de l'univers. On peut dire que, depuis cinquante ans, tout progrès assuré de la science est un coup droit porté au réductionnisme et au scientisme, au point que cette idéologie est aujourd'hui déshonorée, non pas seulement auprès des savants, mais aux yeux de tout public cultivé, qui prend la peine de s'informer de ce qui se passe en ce vaste domaine de la découverte scientifique. Il est aujourd'hui possible de renverser la proposition de Renan et de dire : « Ce n'est pas seulement d'un raisonnement, mais c'est de tout l'ensemble des sciences modernes que surgit cet immense résultat : au-delà du donné scientifique, il y a un surréel, que les catholiques appellent traditionnellement le surnaturel. » En toute honnêteté, il me semble que cela, on peut le dire.

Quelques savants vont plus loin. Je me suis frotté les yeux et j'ai relu quatre ou cinq fois, pour être sûr d'avoir bien lu, la déclaration du Pr Pierre-Paul Grassé, biologiste, dans l'interview qu'il a accordée à Christian Chabanis : « *Du simple point de vue scientifique, l'essentiel est de croire à un ordonnateur de l'univers. Je suis convaincu que les progrès de la science nous imposeront de croire en lui.* » Jouez, hautbois! Résonnez, musettes! Une telle affirmation, tranquillement assenée, m'a sidéré. Qu'un vrai savant formule une telle déclaration, alors que la communauté scientique est une des plus conformistes qui soient, prouve à quel point les temps ont changé. Il suffit parfois d'une seule hirondelle pour faire tout le printemps.

Cela dit, je dirai ce que je pense, après avoir dépensé ma vie à réfléchir sur ces problèmes et au sens de la vie. La connaissance de Dieu n'est pas de l'ordre de l'évidence immédiate. Je crois que la connaissance du fait qu'il y a un Dieu est naturelle, mais qu'elle n'est pas contraignante; on peut s'en détourner, on peut s'en distraire, on peut ne pas l'admettre, on peut faire comme si ça n'était pas ainsi, bien que je considère un tel rejet comme une mutilation.

En fait l'énigme première, ce qu'il faudrait expliquer en premier, n'est pas tellement la croyance en Dieu, ce serait plutôt l'athéisme. A partir du moment où Einstein *opposait la science au sens* et où il prononçait ces paroles qu'il faudrait graver au fronton de la science moderne : « *Plus nous savons, moins nous comprenons* », à partir de ce moment la science devait démissionner de l'ambition qui fut si longtemps la sienne — ambition si parfaitement définie par Renan — de tout expliquer un jour, de donner à l'homme un but indépassable, de donner à la vie humaine un sens plénier. Pour ce qui concerne le sens à donner au destin humain, il fallait tout reprendre à zéro. En se retirant de cette ambition prométhéenne, la science laissait derrière elle une immense plage vide, qui ne pouvait être comblée que par une infinie hardiesse ou une incommensurable médiocrité.

Je veux bien qu'un jour la science nous

prouve qu'il faut croire en l'existence d'un ordonnateur suprême, que nous appelons Dieu. Ce ne sera qu'une preuve dialectique, entre tant d'autres preuves, que Gide comparait à un ballet, quand il parlait avec quelque dédain de « *la ronde des preuves de l'existence de Dieu* ». Thomas d'Aquin et Maritain parlent, eux, des « *voies d'approche* » vers l'existence de Dieu : cette modestie me touche davantage. Dieu est une réalité tellement transcendante et surabondante que son approche est comme la mer : chaque barque y fait son propre chemin, qui est toujours le premier, après tant et tant d'autres qui ont déjà tenté l'aventure et fait la traversée.

Là, comme en tout, le plus déterminant est antérieur à toute dialectique : il y a un mouvement primitif de l'esprit humain qui le porte vers Dieu, une première intuition par laquelle s'inaugure la prise de conscience, où chacun se découvre exister et découvre en même temps qu'il n'est pas tout. Et découvre en même temps la nécessité d'une source plénière de l'être qui n'a besoin pour exister que d'être ce qu'elle est. Cette source haute et plénière, tout le monde l'appelle Dieu : il n'y a pas encore le moindre raisonnement amorcé sur son existence ou sa non-existence, mais un lien primitif de tout à cette haute source. Tout témoigne spontanément de cette haute source, aussi bien ce qui existe et ce qui meurt, ce qui croît et ce qui décroît, aussi bien les genèses que les dégénérescences. Maritain écrit de cette intuition primordiale : « *C'est l'intuition de l'existence qui, saisissant dans quelque réalité existante l'être-avec-néant, fait du même coup saisir à l'esprit la nécessité de l'être-sans-néant. Et nulle part il n'y a de problème impliqué, parce que le pouvoir illuminateur de cette intuition s'empare de l'esprit et l'oblige à voir, de telle sorte qu'il procède naturellement, au sein d'un primordial éclair intuitif, d'une certitude impérative à une certitude impérative.* » C'est exactement cela, et ça l'est pour tout le monde, mais je doute que tout le monde puisse le définir aussi nettement.

Dans ces conditions, comment se fait-il qu'il y ait encore des gens qui n'admettent pas l'existence de Dieu ou qui en doutent? D'abord la plupart des gens ne se contentent pas de cette intuition primordiale, ils raisonnent dessus et c'est dans le raisonnement que s'infiltre le doute. Et puis, il y a ceux qui refusent d'y penser. Il y a ceux qui s'efforcent de ne pas saisir sur le vif cette intuition d'un être qui est quelque être et qui n'est pas tout l'être. Il y a ceux qui doutent de tout, y compris d'eux-mêmes, de leur propre existence qui leur paraît un songe. Et puis encore il y a ceux qui, par une mégalomanie inconsciente et proprement paranoïaque, pensent se suffire à eux-mêmes, pensent à eux-mêmes comme à l'être-sans-néant, ce qui est évidemment abusif quand on sait qu'on va mourir. Le plus souvent l'athéisme est un athéisme pratique. Les gens vont plus loin qu'Ivan Karamazov qui disait : « *Si Dieu n'existe pas, tout est permis!* » Eux disent : « Afin que tout nous soit permis, il importe que Dieu n'existe pas! » Ils ne prouvent rien pour autant, et d'ailleurs ils ne se soucient pas de prouver quoi que ce soit.

A ma connaissance, un traité de la non-existence de Dieu n'a jamais été écrit, pas plus d'ailleurs qu'un traité de la non-existence de l'être. De tels traités sont impossibles à écrire. L'athéisme militant est une forte présomption en faveur de l'existence de Dieu : il est difficile de mobiliser et d'enrôler les gens contre ce qui n'existe pas. Le musée d'athéisme de Moscou est le seul musée au monde consacré à ce qui n'existe pas; on ne fera jamais un musée consacré au cercle carré. Les paroles de Péguy, rapportées par Daniel Halévy, ont l'air d'une boutade drôle et sans importance; elles ont beaucoup plus de profondeur qu'on ne le croirait au premier abord : « *Absence de Dieu, présence de Dieu, c'est toujours Dieu!* »

Faut-il parler du Dieu-hasard? Je m'étonne encore qu'un homme de formation et d'honneur scientifique ait osé en parler avec une telle arrogance. Dans son for intérieur, il n'était peut-être pas sûr de lui. Car, comme le disait Pasteur, le hasard n'a jamais favorisé que ceux qui y étaient préparés, c'est-à-dire ceux qui étaient prêts à en découvrir le sens. Pour le chien de Newton qui, aussi bien que Newton a vu tomber la pomme, la chute de cette pomme n'avait pas de sens, c'était un hasard. Il faut toujours renvoyer à Claude Bernard qui a toujours insisté, et avec quelle vigueur, sur l'antériorité, dans l'expérimentation ou l'observation, de l'hypothèse sur le fait. Dès qu'il y a hypothèse, théorie, projet, il y a sens, et le sens abolit le hasard. Le hasard ressemble à Dieu, comme un épouvantail dans un champ ressemble à un homme armé : seuls, les étourneaux s'y laissent prendre. C'est d'ailleurs fait pour les étourneaux.

Quand le Pr Grassé prédit qu'un jour la science « prouvera » l'existence de Dieu, il parle d'un suprême ordonnateur d'un univers, organisé selon des finalités de plus en plus éminentes. Dans le même sens il faut dire que, non seulement l'avenir est cause du passé, mais que l'éminent est cause de l'inférieur, et que l'Un est cause du multiple, le tout cause des parties. Il ne s'agit là toujours que de finalités. Autre chose est d'expliquer l'Origine.

Ici, le fait contraignant est l'usure du monde, l'usure irréparable et de l'intérieur, l'entropie. Même si, comme il semble que cela soit, la structure moléculaire de l'inerte est analogue à celle de la molécule vivante, il n'en reste pas moins que la loi de l'univers physique, aussi universelle que celle de l'attraction, est celle de l'entropie. Il faut en conclure que le monde aura nécessairement une fin, du moment que ses réserves d'énergie sont comptées, sinon comptables. Ce que nous redoutons avec le pétrole pour notre mode de vie industriel, se produira nécessairement pour tout l'univers quand ses réserves d'énergie seront épuisées, ce qui est fatal. C'est aussi que le monde a eu un commencement : il n'y a pas d'enfant prodigue sans héritage et sans patrimoine antérieur à dissiper : « Donne-moi ma part d'héritage! » Avant même la mort du Père, le commencement du monde nous apparaît comme une ouverture de succession. Il n'y a pas de testament sans testateur. Le premier testament de Dieu, c'est l'univers.

Quand j'ai parlé de fin du monde, c'est d'un épuisement qu'il s'agit, d'un terme d'exténuation, l'aboutissement à zéro. Cette fin est le contraire d'une finalité. La finalité est essentiellement régénératrice, la finalité monte. La fin du monde est une dégringolade inéluctable, si du moins Quelqu'un de l'extérieur et de plus haut n'y met pas le holà.

Mais si le monde a eu un commencement, quel fut ce commencement? Là encore il n'est concevable que de l'extérieur et d'en haut. Les Grecs ne sont jamais parvenus à la notion de « création ». Non pas qu'ils l'eussent niée : ils tournaient autour sans qu'ils aient pu jamais y entrer. Ils n'en eurent pas l'imagination. Pour Aristote, le monde est éternel, mû par un Premier Moteur, lui-même éternel. Son génie personnel ne se satisfait pas de cette vue, il la trouvait désespérante, au contraire des mécanistes modernes qui s'en accommodent fort bien. Entre cet accommodement et cette désespérance, il y a l'abîme de la lucidité métaphysique. C'est Aristote qui a écrit que ce qui pouvait arriver de meilleur à l'homme, c'est de n'être jamais né, et, étant né, de mourir au plus tôt.

La notion même de « création » nous vient de la première révélation hébraïque : « *A l'Origine, Dieu créa le ciel et la terre...* » Le mot « créer » est isolé et unique dans les vocabulaires de toutes les langues primitives. Cela aussi est révélateur. Il signifie : tirer quelque chose du néant, fabriquer quelque chose à partir de rien que sa propre conception et sa propre parole. « *A l'Origine, il y a la Parole...* » La force de cette notion de la « création » est telle, qu'elle s'impose à l'esprit humain soucieux de connaître l'Origine première de cet être qui est là, devant moi, et qui, par sa limitation même, est mélangé de néant : cet être est ce qu'il est, il n'est pas tout. Nous sommes forcés de toujours remonter de l'être limité qui nous est donné de manière parcimonieuse à une Origine éminente, qui ne peut être que l'Être même sans limites, et en acte pur d'exister. L'être à notre portée, l'univers lui-même, notre être propre, sont dons, parts d'héritage, parcelles accordées, mais qui ne sont pas tout l'héritage de l'être, elles sont des étincelles, elles ne sont pas le feu.

Le Pr Bernard d'Espagnat parle ainsi de l'hypothèse scientifique : « *Pour mettre à l'épreuve une hypothèse, la méthode scientifique est d'en déduire les conséquences. Et de s'efforcer de les observer en faisant pour cela des expériences. Si les expériences fournissent les résultats qui ont été prédits, c'est pour l'hypothèse une indication favorable. Ce n'est cependant pas une confirmation définitive. D'autres hypothèses auraient pu avoir les mêmes conséquences.* »

La force irrésistible de la création est qu'il n'y a pas, qu'il ne saurait y avoir une autre hypothèse qui rende compte du caractère concret, réel d'un être, et aussi de sa limitation, de sa mutabilité, de son caractère fortuit. Aussi réellement que j'existe, et du moment que je mourrai, je suis fortuit, j'aurais pu ne pas exister. Cela, je le sais, ah! comme je le sais! Il faut donc que je tienne cet être d'ailleurs, d'une source où je suis branché, et, quand on coupera le branchement, je mourrai. Aucune autre hypothèse que la création ne peut rendre compte de cette conséquence qu'il y a quelque être qui n'est pas tout l'être.

L'hypothèse, chère au panthéisme platonicien, que l'être fortuit serait une émanation de Dieu est insoutenable. Aujourd'hui surtout. C'est impliquer que l'être fortuit fait essentiellement partie de l'être nécessaire, que l'être muable et périssable fait partie de l'être immuable et impérissable, que les étincelles font partie du feu : elles n'existent pas sans le feu dont elles proviennent elles ne sont qu'un feu dégradé et participé. Dieu est simple, illimité, immuable. S'il n'était pas tel, il faudrait tout recommencer et lui chercher une Origine explicative. Dieu et l'univers ne font pas plus d'être que Dieu seul. Dieu crée et explique l'univers. L'univers révèle l'existence de Dieu mais ne peut l'expliquer. Tout ce qui est en dehors de Dieu — et c'est en dehors — n'existe que par une participation, plus ou moins lointaine, en tous les cas limitée à l'être infini de Dieu, mais du moment qu'il y a limite, ce n'est pas Dieu ni de près, ni de loin. La distance est infinie entre la créature et son Dieu, et ce n'est pas la créature qui pourra jamais rebrousser ce chemin. Du moins par ses propres forces.

Notre propre explication gît aussi dans notre Origine. Ce que Koestler appelle l'instinct explorateur de l'homme est aussi fort, peut-être plus fort que l'instinct de conservation. Sinon comment expliquer que certains risquent leur vie pour savoir? Avec la même agressivité, le même défi du risque, l'homme se retourne vers son Origine pour en percer le mystère. C'est précisément ce que les anciens théologiens appelaient « *le désir naturel de voir Dieu* ». De toutes nos facultés, c'est sans nul doute la plus précieuse.

Bien sûr, cette curiosité naturelle et fondamentale par rapport à notre Origine première peut être délibérément laissée en sommeil, il arrive même qu'elle soit contrariée et refoulée. Le refoulement d'un instinct primaire produit dans le comportement conscient et inconscient de l'homme des effets surprenants et toujours néfastes. Ce refoulement est pourtant caractéristique d'un vaste secteur de la pensée moderne. Ce que Maurice Clavel disait de Marx, de combien d'autres pourrait-on le dire : « *Marx hait Dieu, qu'il existe ou pas!* » Un tel acharnement de haine est un témoignage à rebours en faveur de l'existence de Dieu : on ne hait pas le cercle carré, on n'a même pas idée de le haïr.

Ce qu'on peut dire, c'est que l'athéisme éveillé, vigilant, militant, attentif et conscient n'est pas de tout repos, il n'a pas du tout l'air de rendre son homme heureux. Au sens littéral du mot, c'est un *parti pris*, et ce parti a l'air d'être encore plus difficile à tenir qu'à prendre. Les psychanalystes nous ont habitués aux névroses provoquées par le refoulement d'instincts fondamentaux. Les timidités inexplicables, les angoisses, les peurs, les lapsus et les actes manqués, que les observateurs dénotent si volontiers dans la société moderne pourraient bien être les effets de cet immense refoulement de ce désir naturel de voir Dieu qui a la force d'un instinct. Aux médecins aussi on pourrait dire : encore un effort, essayez d'aller un peu plus loin dans le diagnostic que vous posez quant à l'origine de notre mal du siècle et quant à son goût de la mort.

Pourtant depuis quelque temps, pas très longtemps, il y a comme un nœud qui se défait dans les profondeurs du subconscient de ce monde moderne. Il semble que Dieu, si soigneusement refoulé depuis si longtemps, refasse surface avec le visage d'une libération. Il est bien significatif, ce témoignage du grand savant hongrois, Prix Nobel, Szent-Györgyi : « *Tout de même, il y a bien quelque chose qui pousse tout cela!* » Le Pr Grassé, qui cite ces mots, ne s'en tient pas là : il donne la fanfare aussi haut que s'il avait découvert un remède miracle contre le cancer. Si nous n'étions pas bouchés comme nous le sommes aux choses de l'esprit, nous sentirions en effet combien la découverte est en effet de taille et, pour l'avenir de l'humanité, sans doute plus importante qu'un remède miracle contre le cancer. « *Si personnellement j'estime qu'il existe, à l'origine de la réalité, quelque chose que nous pouvons appeler Dieu, c'est parce que j'estime qu'il existe nécessairement une intelligence qui domine le tout.* [...] *Qu'est-ce qui peut "pousser"? Je n'en sais rien. Mais en un mot comme en mille, c'est une intelligence, quelle que soit la forme que puisse revêtir cette intelligence. Le fait même de penser qu'il existe une intelligence, — même impossible à définir — qui "pousse tout cela", ce fait, je le dirai avec assurance, a de quoi transformer ma vie et mes comportements personnels.* »

J'attache une importance extrême à cette confidence. Je ne crois pas, mais alors pas du tout, que ce soient les idées qui mènent le monde. Si les idées mènent le monde, elles le mènent à la ruine. (Rien n'est plus aveugle qu'une idée, et quand un aveugle mène d'autres aveugles, tous tombent dans le trou.) Ce sont les faits, la sainte réalité, qui mènent le monde. Que l'existence de Dieu redevienne un fait, la conséquence d'un raisonnement expérimental, oui, c'est sans doute l'événement le plus important de notre XXe siècle. Que jusqu'ici, cet événement n'ait pas encore fait beaucoup de bruit, n'en est que plus significatif. Le blé semé dans la terre est aussi remarquablement silencieux.

Nous sommes à ce moment exquis où l'histoire change de sens et de direction. Maintenant les premiers sont les derniers, les avant-gardes ne sont plus que des associations d'anciens combattants croulants, ceux qui se croient encore en pointe ne sont que des laissés-pour-compte, les demi-solde de la grande ambition du siècle qui a déjà subi son Waterloo; ils ne devront leur survie qu'à leur prudence de s'être approprié à temps les prestiges, les prébendes, les chaires d'une scolastique périmée. Si, de son temps déjà, Renan était en retard sur Bergson, Péguy, Maritain, que sont aujourd'hui les théologiens de la révolution et de la « mort de Dieu »? Ils se battent ailleurs contre des fantômes, quand l'événement décisif a déjà eu lieu en plein cœur de la réalité.

S'il n'y a jamais eu vraiment de philosophie de l'athéisme, ce n'est pas maintenant qu'elle va s'élaborer, coupée qu'elle serait, aussi bien de la réalité empirique, que du progrès scientifique. Par contre, ce qui existe encore, ce sont des boutades, qui portent d'ailleurs, car elles touchent en chacun un point sensible et même douloureux, comme la réflexion de Stendhal : « *La seule excuse de Dieu est qu'il n'existe pas.* »

Quand on admet l'existence de Dieu, quand, au sujet de l'existence de Dieu, on passe aux aveux, c'est moins Dieu que l'on connaît et reconnaît, que notre rapport de dépendance totale envers lui. Sans lui, nous ne serions rien; le peu que nous sommes, nous le lui devons, une telle découverte implique pour nous quelques conséquences : une obligation de gratitude, de prière, et finalement d'obéissance consentie et d'adoration envers ce Dieu qui est notre Origine totale, la haute source de *tout* ce que nous sommes, même si ce *tout* est encore bien peu. En avouant que Dieu existe, nous nous aventurons dans une région inquiétante où risque de retentir à nos oreilles le rappel à l'ordre que Léon Bloy lançait à la chaisière terrorisée : « A genoux! Misérable! » Alors, avec la rapidité de l'éclair, l'intelligence rebrousse tout le chemin parcouru; elle nie purement et simplement les prémisses par la décision de ne se trouver jamais en face d'une injonction qu'elle ne veut à aucun prix entendre. A ce moment-là, l'intelligence humaine est prête à se contenter de n'importe quoi qui lui tombe sous la main, comme le hasard pour Jacques Monod. N'importe quoi fera l'affaire et bouchera le trou.

Pour utiliser une parabole, au départ et quand il s'agit de Dieu, l'intelligence de l'homme est enfermée dans un donjon, et il n'y a que trois portes pour en sortir. Selon qu'elle ouvrira l'une ou l'autre porte, elle fixera son destin. Quand l'intelligence choisit de sortir par la première porte, c'est qu'elle a décidé de ne pas savoir ce qu'il en est : cela ne l'intéresse pas. C'est la position de quelques savants, et non des moindres. Une telle position implique — pour des motifs différents selon les individus — le refoulement de cet instinct primaire que Koestler a appelé la « faculté exploratrice » de l'homme, et cela sur ce point capital qui concerne l'Origine et la Destination finales.

La deuxième porte ouvre sur une issue de violence : au fond, on sait très bien ce qu'il en est, mais on décide de défier Dieu, de le nier, de se révolter contre lui. Cette position fut celle de beaucoup de philosophes, beaucoup moins gênés que les savants par les résistances de l'irréductible réalité. Mais il semble que la négation de Dieu laisse un vide qu'il faut combler : qu'à cela ne tienne, on mettra l'homme à la place de Dieu. Telles sont les conséquences de la philosophie hégélienne, que Fichte a si parfaitement définies : « *Voilà l'homme, voilà celui qui peut se dire :* JE SUIS UN HOMME. *Ne devrait-il pas fléchir religieusement le genou devant lui-même, trembler et balbutier devant sa propre majesté?* » En voilà un qui n'a pas peur d'adorer et de se mettre à genoux, pourvu que le dieu qu'il adore ne soit pas le vrai Dieu. Et comme Fichte n'est pas idiot, il donne la raison de ce culte et son accent évoque le tremblement des premiers adorateurs de l'éclair ou du feu : « *Purement et simplement, l'homme existe par soi!* » Selon l'expression populaire, ça, il fallait le dire.

Henri Heine a raconté son expérience hégélienne et, à notre époque, on ne lit pas ce récit sans plaisir : « *J'étais jeune et superbe, et mon orgueil ne fut pas médiocrement flatté par l'idée que j'étais un dieu. Je n'avais jamais voulu croire que Dieu était devenu un homme, je taxais de superstition ce dogme sublime, et plus tard, j'en crus Hegel sur parole quand je lui entendis dire que l'homme était Dieu. Une telle idée me sourit, je la pris au sérieux, et je soutins mon rôle divin aussi honorablement que possible. Cet absurde orgueil, loin de détériorer mes sentiments, les exalta jusqu'à l'héroïsme, et mes actions devinrent plus brillantes et plus généreuses que celles de ces pauvres hères vertueux qui agissent seulement pour satisfaire aux commandements du devoir et de la morale. J'étais moi-même la loi vivante de la morale, j'étais impeccable, j'étais la pureté incarnée.* [...] *Les frais de représentation d'un Dieu, qui ne saurait être chiche, et qui ne ménage ni sa bourse, ni son corps, sont énormes; pour faire ce métier superbe, il faut avant tout être doté de beaucoup d'argent et de beaucoup de santé. Or un beau matin, ces deux choses me firent défaut et ma divinité en fut tellement ébranlée qu'elle s'écroula misérablement.* »

L'histoire des idées est ce qu'elle est. Il y a aujourd'hui des mots qu'aucune exégèse ne sauvera de complicités terribles et qui sont interdits à la conscience chrétienne. Les mots « culte de l'homme » sont de ceux-là : dans une circonstance solennelle, en 1965, ils sont cependant tombés de lèvres augustes. Quand il utilise ces mots, un simple chrétien, et à plus forte raison un chef spirituel, doit savoir à qui il emboîte le pas et de quels étranges pèlerins il se fait le compagnon de route. A certains postes de haute responsabilité, la naïveté ne sauve personne : elle accable au contraire.

Ainsi donc Henri Heine avait fini par tomber de son haut. Il s'était heurté à l'évidence qu'il n'était pas Dieu. Mais la philosophie moderne n'a que faire des évidences. Elle n'est jamais tombée de son haut. Sa fonction n'est pas de comprendre le réel, mais de modeler la réalité et d'imposer à la réalité le carcan du modèle. Avec le courage de leur race, les philosophes allemands sont allés jusqu'au bout de leurs affirmations, ils ont fait de leur idéologie athée ce que, à la même époque, Renan faisait de la science, une religion de salut : autel contre autel, holocauste de millions d'hommes si nécessaire, contre le seul holocauste rédempteur du Fils de Dieu. Fichte encore l'a dit : « *Nous avons commencé de philosopher par orgueil, et nous avons perdu notre innocence. Nous avons vu notre nudité, ce nous est une nécessité, pour nous sauver.* »

Dans cette perspective, le vrai Dieu ne peut être pour l'homme que l'aliénation suprême et totale. Le blasphème est la première condition de désaliénation, il est le principe même de l'autonomie humaine. L'homme n'est libre que dans la mesure où il renie Dieu. Il a toujours manqué à la philosophie allemande la lucidité et l'humour de Henri Heine, elle s'est toujours prise au sérieux, terriblement. Qu'importent alors les hécatombes qui sont le résultat de sa volonté de puissance? On justifiera même la terreur.

La troisième porte est celle de la délivrance, de la véritable réconciliation dans la considération franche et loyale de la réalité, c'est-à-dire finalement dans la vérité. Le peu que nous sommes, nous le tenons de Dieu, du vrai Dieu qui a créé le ciel et la terre. Nous tenons tout de Dieu, y compris cette intelligence et cette liberté, dont nous sommes à juste titre si fiers, bien qu'elles nous encombrent un peu. Que cela nous plaise ou non, telle est la vérité de notre condition humaine. L'instinct d'exploration et le courage de l'esprit nous conduisent à analyser froidement cette condition qui nous est faite pour en tirer toutes les conséquences. « *Infiniment respectueux de tout ce qui est* », cela veut dire en premier lieu, respectueux de l'absolue souveraineté de Dieu sur l'être et sur mon être, respectueux du peu que je suis, de l'éminente dignité de mon Origine et de ma Destination. Et quel moyen meilleur de respecter ma propre liberté que d'en accepter la responsabilité, et cette responsabilité première qui est de me conformer librement aux informations de mon Origine et à l'attraction de ma Destination?

Et comment croire une seconde que je sois plus intelligent que Dieu de qui je tiens mon intelligence? Et comment croire une seconde que Dieu veuille m'arracher une liberté dont il m'a pourvu gracieusement? Et comment croire une demi-seconde que je pourrais trouver mon bien contre ma Destination finale ou même en dehors d'elle? Tout ce qui existe est en quelque sorte sacré, parce que cela vient de Dieu et que ça y va. Mais dans tout ce sacré, rien n'est plus saint que la volonté de Dieu. Rien n'est plus libérateur.

Avec ma parabole du donjon et des trois portes, je n'ai voulu faire la leçon à personne, je ne fais pas d'apologétique, je dis ce qui est, je fais le point, je dis où nous en sommes; pour que chacun sache au moins clairement ce qu'il fait, et où il va quand il ouvre dans son propre donjon telle porte, plutôt que l'une des deux autres.

Quand, sous la formidable poussée de la charge de départ, la fusée est lancée dans l'espace, il faut qu'elle suive son orbite. Si elle la quitte décidément, c'est la perdition, elle se désintègre. Même au cours du voyage, s'il arrive que la fusée ait la plus légère tendance à s'écarter tant soit peu de son orbite originelle, le centre spatial de départ est mobilisé pour qu'elle retrouve au plus tôt cette orbite salvatrice. Si la fusée est habitée, les techniciens qui l'habitent accomplissent, librement et avec une application fervente, toutes les manipulations, tous les gestes, toutes les manœuvres, qui leur sont dictés par la base. Ces « informations » — au sens moderne du mot — qui sont de vrais commandements émis par la base, les pilotes dans la fusée ne les considèrent pas une minute comme des agressions contre leur liberté, mais ils les reçoivent attentivement pour ce qu'ils sont à la vérité : la discipline nécessaire à leur salut et à celui du vaisseau qui les entraîne à la vitesse vertigineuse sur l'orbite qui leur est assignée. Ils font librement ce qui leur est commandé : telle est l'image du serviteur de Dieu. L'homme qui obéit à Dieu est le pilote lancé dans l'espace. Il a les commandes de sa propre fusée, il écoute les instructions de la base, (ce sont les commandements de Dieu), et son orbite de survie, c'est encore Dieu; et sa destination finale, c'est toujours Dieu. La liberté du pilote ne se réalise qu'à l'intérieur de ce programme vital et vivant qui est le sien.

Sa liberté n'est pas de contester ce programme, mais d'y adhérer de tout son cœur, de toute son âme, de tout son esprit, et de le réaliser de toutes ses forces. C'est ainsi que je comprends les mots de Péguy, cités par Daniel Halévy : « *La liberté consiste à croire.* » Le pilote spatial croit en sa base de départ, et s'il cesse d'y croire, il est foutu.

Que penser donc d'un pilote spatial qui considérerait les instructions de la base de départ et la trajectoire de son orbite comme des agressions à sa liberté propre, et qui dès lors estimerait que le souci de sa propre dignité exige qu'il leur échappe? Ce serait un fou et il irait à sa perte infailliblement. C'est pourtant bien ce qui est arrivé à la philosophie dite « moderne » qui, à travers les idéologies triomphantes, pèse encore comme un joug et de tout son poids sur le destin du monde. C'est vrai que l'esprit moderne considère comme une aliénation l'obéissance à ce qui est la loi fondamentale de son salut. A cet égard, le livre de Maurice Clavel, *Deux siècles chez Lucifer*, donne l'éclairage indispensable.

Au cours des longues conversations que

nous avions, Camus et moi, pendant l'Occupation, il me répétait souvent : « La tâche actuelle des chrétiens est de nous expliquer le problème du mal. » A la même époque, Simone Weil écrivait : « *Le mal est à l'amour ce que le mystère est à l'intelligence.* » Il faut certes beaucoup d'amour pour affronter le mystère du mal, il y faut aussi le courage et la lucidité de l'esprit. Avec mon histoire de cosmonautes sur orbite, je suis moi-même entré dans ce redoutable problème du mal. Pour les cosmonautes baladeurs dans les espaces infinis, le mal, c'est de quitter l'orbite originelle : ils le peuvent certes, mais il est tellement évident qu'il y va pour eux de leur survie immédiate que l'idée ne leur en vient même pas. Dira-t-on qu'ils sont moins libres parce qu'ils ne s'amusent pas à enfreindre les consignes de la base et à quitter l'orbite prescrite? Quand Camus, aussi loyal qu'il fût, parlait du problème du mal, il le situait dans un contexte de philosophie moderne où il est insoluble et restera toujours insoluble. Avec ma parabole des cosmonautes, je l'ai sorti de ce contexte absurde, je lui ai redonné son vrai contexte où les notions de mal, de perdition et de salut, et de liberté, prennent leur vrai sens.

Mon histoire de cosmonautes n'est qu'une parabole. Elle suggère un point et ne dit pas tout. C'est vrai qu'au départ l'homme est poussé sur son orbite, mais, dans la réalité, il a une infinité d'orbites possibles, en cours de route il peut changer d'orbite, maintes et maintes fois, sans pour autant s'écarter de sa destination. Les instructions qui lui viennent au cours de sa navigation ne proviennent pas seulement de sa base de départ, mais aussi, peut-être surtout, de sa destination *et par la médiation de sa conscience.* Il est encore plus attiré, plus appelé que poussé. Son avenir est cause de son passé, ce qui est au-dessus de lui est cause de ce qu'il devient car il est dans la nécessité de devenir. Devenir quoi?

Il sait que sa destination est Dieu. Dans la réalité des choses, cette destination ne le rassure aucunement; Dieu n'est pas rassurant. Il est aussi inconnu comme Destination que comme Origine. D'où l'angoisse et la nécessité du courage. Péguy écrivait : « *La liberté est un système de courage.* » Quand on a vingt ans et qu'on lit cela, c'est une formule exaltante, on n'y voit rien d'autre. Mais que sait-on de la vie quand on a vingt ans? Assurément, pas que le courage a besoin d'être systématisé. Et on ne peut finalement organiser notre courage, le systématiser qu'en fonction de la destination qui nous appelle, qui nous sollicite impérieusement, et qui pourtant nous reste inconnue. Finalement l'obéissance à Dieu est une mise sur l'inconnu, c'est pourquoi elle a toujours le visage du risque. Le risque nu. Toute la vie misée sur une seule case, non pas au hasard, mais parce que notre conscience nous indique cette case et que notre conscience est le récepteur des « informations » que nous pouvons appeler « divines » parce qu'elles nous éclairent sur la route à suivre. Cette route est fléchée, mais la destination n'en demeure pas moins inconnue. Oui, toute la vie misée sur une case, et on sait que le numéro ne sortira qu'au-delà de la mort. L'élan en avant, le saut dans l'inconnu, et pourtant on sait qu'on ne se trompe pas. Marie de l'Incarnation, la compagne de Thérèse d'Avila, traversant les Pyrénées par des sentiers de mule, disait : « *Je ne puis tomber qu'en Dieu!* » Oui, mais tomber fait toujours peur. Et, d'autre part, saint Paul nous avertit : « *Il est horrible de tomber aux mains du Dieu vivant!* » Malgré tout, y croire, s'y fier, faire confiance. Qu'on veuille bien nous dispenser une fois pour toutes des propos sur la « foi sécurisante » du chrétien! La liberté est un système de courage. L'homme sait qu'il va mourir, qu'il faut qu'il meure! Et le visage de sa mort lui est tout aussi inconnu que celui de sa destination finale.

Ainsi, dans l'enchevêtrement d'orbites innombrables, l'homme se meut librement, sensible à un appel obscur mais certain, avec le risque de se désorbiter. Et le risque est peut-être encore plus effrayant de rester fidèlement sur une orbite vertigineuse qui nous entraîne si loin de nos paysages familiers que nous finissons par perdre nos points de repère et qu'à la lettre notre liberté ne consiste plus qu'à croire.

Les « Dix Commandements », ce qu'on appelle le Décalogue, ne constituent pas un « impératif catégorique ». Voilà une expression idiote, que nous devons à Kant, bien faite pour révulser ce que nous avons en nous de plus respectable et qui doit être absolument respecté : notre intelligence et notre liberté. D'abord Décalogue est très mal traduit par les « Dix Commandements ». Il serait infiniment mieux traduit par les « Dix Paroles » ou aujourd'hui par les « Dix Informations ». Le Décalogue n'est pas un impératif catégorique, c'est dans le domaine spirituel et au sens le plus fort, une « information biologique ».

A l'échelon biologique le plus bas, celui des bactéries, jusqu'aux organismes les plus évolués, l'univers vivant est empli de messages et de codes génétiques qui constituent des patrimoines et qui se transmettent de générations en générations. S'il y a message, information, il y a aussi réception de ces messages et de ces informations. Si le message ou l'information ne sont jamais captés par le récepteur adéquat, le message et l'information s'arrêtent là, en réalité ils ne sont plus message ni information : il n'y a pas d'aventure vivante. Nul ne peut imaginer ce qui serait advenu et qui n'arrivera jamais. « *J'aurais pu! J'aurais dû! Mots effroyables!* » disait Bernanos. Ce sont en effet des mots effroyables, qui recouvrent tout l'immense empire du mal. Le mal, le véritable mal, est le fruit de la volonté libre. Le mal n'acquiert véritablement son statut de mal que s'il est véritablement choisi, préféré, élu pour lui-même. Il n'y a pas de mal sans liberté de ne pas le commettre ni sans choix : choix de quoi ?

Il est vrai que toute la tradition chrétienne tourne autour de ce problème du mal, qui est à l'amour ce que le mystère est à l'intelligence, à la fois obstacle et stimulant. Tous les Pères de l'Église et tous les grands théologiens ont parlé du mal et de la grâce divine, ils ont lié l'une et l'autre à la liberté humaine. Tous les grands hérétiques ont aussi parlé du mal. Les chrétiens n'ont pas attendu Albert Camus pour y réfléchir. Mais il est vrai aussi que chaque génération doit redire, à sa manière et dans un contexte nouveau, ce qui a déjà été dit, eût-il été dit cent fois. Dans toute cette tradition chrétienne de vingt siècles, il n'y a pas une seule définition du mal qui soit plus près de moi, qui me touche davantage, qui me suscite et me tienne davantage debout, que celle — une parmi tant d'autres — de saint

Augustin : « *Iniquitas est desertio meliorum* » : « *Le mal, c'est la désertion de ce qui est meilleur.* » Et en effet, tout a commencé par une désertion.

Seuls ceux qui lisent à fleur de texte peuvent trouver puérile la narration dans la Genèse de la chute originelle de l'homme. Certes le style du récit fait qu'il est difficile de savoir ce qui s'est passé vraiment et dans le détail, mais pour l'essentiel, tout est clair. Tout ce début de la Genèse baigne dans une ambiance d'épopée et de sacré. A l'Origine, au commencement, Dieu crée. Il fait de rien, il crée le ciel et la terre, il sépare la lumière des ténèbres, la terre de la mer; il peuple la terre d'animaux, le ciel d'oiseaux, la mer de poissons. A chaque étape, il regarde son œuvre et la trouve bonne. Et tout cela est bel et bon en effet. Comme le disait Claudel : « *Il connaît bien mal son art, celui qui trouve au Vôtre quelque défaut.* »

Enfin Dieu crée l'homme et la femme et les met dans un jardin; avant qu'il y ait eu une tombe, il y a eu un jardin, mais les jardins ne laissent aucune trace archéologique. Nous portons l'image de Dieu parce que Dieu nous a créés spirituels et libres, mais de ce jardin nous gardons une nostalgie des origines où l'homme et la femme furent accordés entre eux et aussi à l'harmonie de toute la nature, à l'amitié de Dieu dont ils recevaient les messages et informations en toute confiance : ils furent heureux. Mais l'archéologie ne garde pas davantage la trace de ce premier bonheur : seul le cœur de l'homme en garde la cicatrice.

Dans ce jardin, le premier homme et la première femme pouvaient goûter et savourer tous les fruits de tous les arbres, sauf le fruit d'un seul arbre qui leur était interdit par Dieu. Cet arbre était l'arbre de la connaissance du bien et du mal. Cet arbre, unique parmi tant d'autres, était le symbole de l'interdiction, le symbole aussi de la fidélité ou de la trahison, de la désertion possible du meilleur. Cet arbre unique était l'élément coagulateur du premier choix du premier homme et de la première femme : ce n'était pas arbitraire, il fallait bien que dès l'origine l'homme fût placé entre un *oui* et un *non*. Telle est la dignité suprême de l'homme. Il n'a pas attendu de savoir qu'il allait mourir pour se savoir homme. Il sut qu'il était homme dès qu'il eut à choisir entre un *oui* et un *non.* C'est là qu'il découvrit et reconnut sa propre souveraineté, sa propre puissance sur ses propres actes et que dans son comportement il était cause de lui-même.

A ce stade, où il était parfaitement placé sur une orbite parfaite, il recevait dans la joie et il exécutait sans la moindre brouille, sans le moindre brouillage, librement, toutes les informations provenant de sa base et de sa destination. Selon les expressions de saint Bernard, l'homme eut l'expérience de sa propre éminence par la puissance qu'il avait d'expérimenter la majesté : « *Celsa creatura in capacitate majestatis.* »

Puis c'est l'apparition du serpent. Sous les apparences de cet être sinueux et rampant, apparaît pour la première fois dans le destin et l'histoire de l'homme, non pas seulement la tentation, mais le Tentateur, redoutable dialecticien qui utilise tous les angles morts de l'intelligence humaine, qui mélange le faux avec le vrai, qui nous distrait du choix le meilleur, qui nous incline à la désertion, parce que dès l'origine il a, lui, juré notre perte.

Il me semble qu'on a compris beaucoup de choses, quand on a compris que le mal ne peut s'immiscer que dans la comparaison de deux biens, dont on choisit délibérément le moindre. C'est une sorte de « réductionnisme ». Le fruit de l'arbre de la connaissance du bien et du mal n'était pas mauvais en soi, mais l'interdiction qui en était faite était le signe que si l'homme en mangeait, il perdrait l'amitié de Dieu. Entre ce fruit et cette amitié, s'il y avait réfléchi vraiment, l'homme n'eût pas hésité, il eût choisi l'amitié de Dieu. Cependant il préféra le fruit défendu. Dans le mal commis par l'homme, il y a toujours une part de distraction, d'irréflexion, de précipitation, pour tout dire de bêtise, c'est pourquoi, à la fin des fins, il n'y a pas de quoi en être fier : « *J'aurais pu! J'aurais dû! Mots effroyables!* »

Le serpent avait dit : « *Vous n'en mourrez pas* (là, il mentait), *mais vous serez comme des dieux, connaissant le bien et le mal* », et cela était un mélange de vrai et de faux. Cette tentation fondamentale, la philosophie moderne l'a reprise avec éclat, et c'est Henri Heine qui l'a le mieux décrite : « *Il y a par exemple au début de la Genèse l'histoire du paradis avec l'arbre défendu et le serpent, ce docteur subtil, qui déjà, six mille ans avant la naissance de Hegel, fit un cours complet sur la doctrine hégélienne. En effet, le métaphysicien tentateur du jardin d'Eden y développa avec beaucoup de finesse que l'absolu consiste dans l'identité de l'être et du savoir, que l'homme devient dieu par la science, ou, ce qui est la même chose, que Dieu arrive dans l'homme à la conscience de lui-même. Cette formule de la philosophie hégélienne n'est pas aussi naïve que les paroles rapportées par la Bible : quand vous aurez mangé de l'arbre de la science, vous serez comme Dieu!*» Dès l'origine le mal se définit donc par l'affirmation de la majesté de l'homme non plus soumise à Dieu mais révoltée contre lui, par une autonomie totale de l'homme par rapport à Dieu, par la connaissance érigée comme un instrument de divinisation de l'homme, et, au lieu du face-à-face confiant de deux majestés, la contradiction de deux majestés : défi proprement schizophrénique, que Nietzsche vivra lucidement jusqu'au bout.

Alors la femme mange du fruit défendu,

puis l'homme en mange : ils découvrent la dérision de leur majesté et que l'autonomie totale de l'homme est impossible. La désobéissance les a dépouillés, ils se voient nus et ils ont honte. Ils font pour la première fois le lien entre le sang, la volupté, la mort. Au premier cadavre d'homme, ils élèveront un monument, témoignage de souverain déchu, premier témoignage aussi de l'identité de l'homme dans la longue histoire des vivants.

Désormais nous savons tout de l'homme. Ce qui viendra après ne sera que péripéties, histoire. Nous savons qu'il est capable du meilleur et du pire, qu'il garde les oripeaux d'une souveraineté dont il a été déchu. Nous savons qu'il ne penche pas toujours vers le meilleur. Nous savons qu'il transmet de génération en génération l'ivresse du désir et de l'orgueil, la honte de la frénésie, les stigmates d'une majesté perdue dont il ne se console pas, l'angoisse de la mort et la certitude qu'elle est pour lui toute proche.

Quand Dieu survient et qu'il interroge, la réponse de l'homme révèle à quel point il est déjà entré profond dans le langage des déserteurs. C'est le langage que nous connaissons et pratiquons par notre pente naturelle. Quelle profonde connaissance de l'homme nous révèle le sacrement de la confession, qui nous oblige à faire à rebours le chemin de ce langage. Nous n'acceptons pas volontiers notre responsabilité dans le mal. Nous refusons instinctivement de nous savoir coupables, nous refusons surtout de nous sentir seuls coupables. Rien ne nous est plus difficile à porter que la solitude du mal. Pour expliquer la première désobéissance, la désobéissance originelle, Adam répond à Dieu : « [...] *cette femme que vous avez mise auprès de moi, c'est elle qui m'a donné le fruit de l'arbre et j'en ai mangé!* » Et Eve dit : « [...] *c'est le serpent qui m'a tentée!* » Ils cherchent la communion des déserteurs, ils ouvrent toute grande cette communion, ils essaient d'y entraîner Dieu lui-même : « *Cette femme que VOUS avez mise auprès de moi...* » Dès l'origine, le mal est la chose du monde dont il est le plus difficile de porter seul le fardeau. Nous sommes chaque jour témoins de cela, dans les cours d'assises, dans la vie quotidienne, dans notre propre cœur.

De toutes les certitudes révélées touchant nos origines, celle que l'homme moderne accepte le moins volontiers, c'est celle de la transmission du péché originel : la solidarité de tout le genre humain dans une faute que seuls le premier homme et la première femme ont commise. Pourtant cette solidarité est tellement évidente, il est tellement évident que les hommes naissent enclins au mal plutôt qu'au meilleur que, ce qui m'étonne, moi, c'est que la transmission universelle du péché originel soit un dogme, exigeant un acte de foi, alors qu'elle me paraît un fait universel, relevant de la constatation empirique.

Avec la même frénésie que nous avons pour entraîner les autres dans nos désertions, rien ne nous paraît plus odieux que de devoir accepter une part dans un péché que nous n'avons pas personnellement commis. Cela est si vrai que nous n'hésitons pas à accuser Dieu lui-même pour le mal dont nous sommes personnellement responsables, à plus forte raison le mettons-nous en accusation d'être tenus participants d'une faute commise à l'origine de l'espèce. Nous en concluons à l'injustice de Dieu. Et nous dirions comme Stendhal : « *La seule excuse de Dieu est qu'il n'existe pas.* »

Là encore la biologie moderne peut nous aider à comprendre. Nous héritons nos chromosomes, et nous savons depuis peu, mais nous savons très bien que, si de nos chromosomes il s'en trouve un en plus ou un en moins, ou s'il s'en trouve un qui soit altéré, le reproduit en sera forcément amoindri. Ne peut-on imaginer que, dans le domaine de l'intelligence et de la volonté, l'homme ait été à l'origine créé dans une harmonie pleine et totale, avec une sorte de constellation spirituelle de chromosomes eux aussi spirituels et qui définissaient ce qu'on devrait appeler une innocence originelle? Ne peut-on imaginer que la première désertion d'un choix meilleur, ce que nous appelons le péché originel, ait décidément dérangé cette harmonie, déséquilibré cette constellation, et que cela suffise depuis toujours pour que tous les hommes naissent désormais avec un patrimoine génétique spirituel altéré? Que cette altération suffise à détraquer chez chacun son intelligence, sa volonté, ses instincts fondamentaux? En sorte qu'il est plus difficile désormais à tout homme de saisir le vrai et de faire le meilleur choix. Le moins qu'on puisse dire est que cela ne va pas de soi. Mais c'est ainsi, c'est une chose qu'il faut accepter, comme nous acceptons tous notre patrimoine génétique, qui n'est pas toujours des plus satisfaisants.

Le dogme du péché originel signifie que notre constellation spirituelle, constitutive de notre personnalité, comporte un chromosome en moins, ou peut-être en trop comme il est dit pour les criminels dans leur patrimoine génétique physiologique, et cela suffit pour que nous soyons tous conçus dans une véritable contamination : fils de déserteurs, déserteurs nous-mêmes, dès l'origine. C'est désormais avec des déserteurs qu'il faut que soient livrées et gagnées les batailles pour le meilleur choix.

Cela vous étonne? Moi, pas tellement. Chacun de nous peut se dire ce que saint Paul dit de lui-même : « *Je vois bien ce qu'il y a de meilleur et je l'approuve, et je suis ma pente vers le pire* » *(Video meliora proboque, dete-*

riora sequor). Voilà bien essentiellement le mal : suivre et faire le pire, en le condamnant comme tel; tout en sachant clairement où est le meilleur. Quelle misère! Mais aussi quel appel à l'héroïsme! La vocation de l'homme, c'est l'héroïsme. La condition de l'homme est détériorée au départ, elle n'est pas absolument corrompue, mais en tout cas elle ne se rétablira pas sans héroïsme, sans l'héroïsme le plus difficile, non pas celui qui consiste à changer le monde, mais à se changer soi-même. Pour chacun de nous, la vaillance n'est pas un luxe, elle est de première nécessité. Sur ce point aussi, je vois des correspondances dans la biologie contemporaine.

Quelle est la dialectique de la désertion? C'est le réductionnisme. Le déserteur ne croit pas si mal faire, mais il sait très bien qu'il n'a pas fait de son mieux, qu'il a fui le meilleur choix. Il s'en donnera toutes les excuses possibles, mais il a fui le meilleur choix. Or, à tous les échelons de l'univers vivant, on constate que les lois fondamentales sont anti-réductionnistes. Dans tout développement, dans toute reproduction, on découvre plus d'énergie, plus d'ordre, plus d'élan vital qu'on n'en attendait et peut-être qu'il n'était nécessaire. La nature n'est pas économe, elle est gaspilleuse. Combien de spermatozoïdes perdus pour un seul qui sera fécondé et qui donnera un homme? Mais dès que le processus de fécondation est amorcé, alors, quelle ténacité, quelle prodigieuse énergie au sein de l'œuf pour arriver à terme! Et l'oisillon qui crève sa coquille entre par effraction dans l'univers solaire. C'est aussi le cas de toutes les conquêtes spirituelles, elles se font par vaillance et par effraction. Tel est le sens de ces paroles de l'Évangile : « *Le Royaume de Dieu est pour les violents!* » Il est pour les violents, il est par les violents, de cette violence que l'on se fait à soi-même pour faire le choix le meilleur et pour s'y tenir. Croyez-vous que ce fût facile d'être Jeanne d'Arc ou François d'Assise? Ce ne fut pas plus facile qu'à un déserteur de rebrousser chemin et de rejoindre le combat qu'il avait fui. Toutes les batailles perdues doivent être livrées de nouveau et peuvent être à la fin gagnées. Rimbaud l'avait bien vu, qui a écrit : « *Le combat spirituel est plus brutal que les batailles d'hommes!* »

Décidément la définition : « Le mal est la désertion du meilleur ou du choix le meilleur » est une source inépuisable de méditations et de comparaisons. Qui peut assurer que toujours et partout il a fait de son mieux, qu'il a fait le choix le meilleur, qu'il a fait l'action la plus parfaite? Seul Tartuffe se rendrait peut-être un tel témoignage et, de nous tous, Tartuffe est le pire. Du même coup, on comprend très bien que les saints aient pu, sans mentir, se considérer de grands pécheurs : « *J'aurais pu! J'aurais dû! Mots effroyables!* » C'était aussi le refrain de leur vie et de leur suprême agonie, avec la gratitude qu'ils portaient tous à Dieu pour avoir parfois échappé au pire grâce à lui. L'homme ne trouve son rythme spirituel que dans et par la vaillance, jamais il n'en a assez fait, jamais il n'a assez donné de lui-même; au fond, jamais le choix qu'il fait n'est absolument *le meilleur*. Heureux ceux qui savent cela d'instinct! Heureux ceux qui l'apprennent! Plus heureux encore ceux qui en donnent l'exemple! Serait-ce dans le repentir.

Écrivant ce livre, j'ai l'impression d'être un couvreur sur le toit et de faire ce que les gens du métier appellent « tuiler ». La nouvelle tuile couvre en partie celle déjà posée, ainsi à la fin le toit entier sera couvert, et la pluie ne pénétrera pas dans la maison. En toute œuvre vivante, il y a toujours des marges qu'on peut croire inutiles et qui ne le sont pas.

Jusqu'ici, je me suis tenu à l'existence nécessaire d'un Principe premier et total, je suis parvenu à la certitude qu'il est, que son existence ne fait qu'un avec son essence. Il est en plénitude d'être et en acte pur d'exister. Pour le moment, je n'en sais guère plus. Quant à ce qu'il est en lui-même, je n'en peux parler que par analogie et de très loin, avouant que je sais mieux ce qu'il n'est pas que ce qu'il est. Déjà je ne sais pas très bien ce que je suis ni qui je suis, comment pourrais-je savoir ce qu'il est et qui il est?

Lui ayant reconnu tous les privilèges de l'être puisqu'il en est la source intarissable, je dois bien reconnaître que, par tout ce qu'il est, il transcende tout le reste, il est la transcendance même. Si je découvre en moi cet instinct explorateur qui me pousse à connaître ce qui est mon Origine et ma Destination, finale, je ne discerne naturellement rien en moi qui puisse me servir de moyen et d'instrument approprié pour les atteindre.

Mais en même temps, ce Dieu que les savants eux-mêmes découvrent actuellement comme une Intelligence et le comble de l'intelligence ordonnatrice, comment pourrais-je lui interdire l'activité première et essentielle de toute intelligence : concevoir et parler? D'ailleurs, comme tout artiste, le Créateur parle déjà dans son œuvre. « *Les cieux nous racontent la gloire de Dieu* », dit le psaume. Et saint Paul : « *Du seul fait de la création de l'univers, l'énigme invisible de Dieu saute aux yeux de l'esprit et nous est révélée comme énergie éternelle et divinité.* » Saint Paul continue : « *Les hommes ayant reconnu qu'il existe un Dieu ne l'ont pas glorifié comme Dieu, ils ne lui ont pas rendu grâces, mais ils se sont dissipés dans leurs propres cogitations, leur cœur fou s'est obscurci, et, tout en se croyant très sages, ils ne furent que des sots.* » Ainsi que le dit Péguy : « *Un sot savant est plus qu'un sot ignorant.*

Un sot distingué est infiniment plus dangereux qu'un sot grossier. » Depuis quelques siècles, nous avons été vraiment très savants, et nous nous sommes crus très distingués. Peut-être cela commence-t-il à nous passer? Au moins nous posons-nous quelques questions sur notre science et sur notre distinction. Il faut un commencement à tout.

Je voudrais parler de l'âme païenne et du témoignage religieux qu'elle a rendu à Dieu. Dans notre littérature française, je ne vois guère que Péguy qui ait rendu justice au paganisme, à son immense mélancolie religieuse. Il l'a fait dans les deux *Dialogues* de l'histoire avec l'âme païenne et avec l'âme charnelle. Nul mieux que lui n'a compris la condition du païen, que saint Paul définit dans l'Épître aux Éphésiens : « *Vous n'aviez pas d'espérance. Vous étiez en ce monde, et vous y étiez sans Dieu.* » Dans la même Épître, saint Paul attribue à ce défaut d'espérance les débordements de l'impucidité. Notre monde moderne n'est pas tellement loin d'une telle situation. Ce monde païen pressentait bien qu'il y a un Dieu et en même temps il se sentait étranger à ce Dieu de manière insurmontable. Il voyait le rai de lumière sous la porte, il pensait bien que l'au-delà de la porte était habité, mais il savait aussi que la porte lui était fermée et qu'il ne disposait d'aucune clef pour l'ouvrir. C'est dans cette condition que les paroles d'Aristote prennent tout leur sens : le mieux pour l'homme est de n'être jamais né; puis, étant né, de mourir le plus tôt possible. Aristote dit cela de l'homme. Il ne le dit pas de l'animal qui a l'air tout à fait proportionné à ce monde-ci.

D'autre part, il y avait les mythologies. Je crois que les païens s'inventaient des mythologies, mais qu'ils savaient que c'étaient des mythologies. Ils se faisaient à eux-mêmes un cinéma des dieux, mais ils savaient que c'était du « cinéma ». Toutes les histoires d'Homère et des grands Tragiques grecs, au sujet des dieux et des déesses, c'est de la mise en scène et c'est du cinéma, pour se distraire de l'absence de Dieu. Ils sont devant la porte cochère, haute et secrète, ils savent qu'il y a quelqu'un derrière, ils savent qu'ils n'ont aucune possibilité d'entrer. Alors, comme tous les enfants qui s'ennuient et qui ont envie de pleurer, ils s'inventent des jeux et ils se content des histoires sur ce qui, à leur avis, pourrait se passer derrière la porte haute et fermée. Mais ils savent très bien qu'ils inventent et que ce sont des histoires.

A l'origine de tout ce cinéma mythologique, il n'y a absolument aucun blasphème, rien que de la désespérance. Ils attribuent à leurs dieux et à leurs déesses tout ce qu'ils voudraient bien avoir et qu'ils ont perdu. Je sais que je vais mourir? — Qu'on donne aux dieux l'immortalité! Je sais que la vie humaine est un risque permanent? — Qu'on dispense à jamais les dieux de courir aucun risque! Je sais que la vie humaine, c'est le manque et la misère? — Qu'on dispense à tout jamais les dieux du manque et de la misère! — De là vient qu'on sente aussi chez les païens un secret mépris pour leurs dieux, mépris fondé sur le fait que ces héros et ces héroïnes de leur cinéma mythologique n'ont pas et ne peuvent avoir la triple misère et la triple grandeur. Rien n'était plus étranger aux hommes que ces dieux inventés. Ils ne connaissaient ni la mort, ni le risque, ni le manque, comment eussent-ils pu comprendre la condition humaine? A tous les instants, ces dieux sont sans véritable importance, ils n'offrent aucun recours essentiel, ils sont inventés.

Quand, à ces mêmes Grecs, saint Paul annoncera un Dieu qui a connu l'angoisse, l'agonie, la mort humaine, un Dieu qui a expérimenté la misère et le manque, un Dieu qui a appelé à l'aide et qui n'a pas été entendu, un Dieu qui a connu le risque et qui a fondé la vie humaine sur un risque infini encouru consciemment; quel que soit le prodigieux miracle de cette révélation, les Grecs sentiront d'instinct que cette fois-ci ils sortent de la mythologie pour entrer dans la vérité de l'histoire.

Ce n'est pas dans le culte qu'ils vouent à leurs dieux qu'il faut chercher la religion des Anciens, c'est dans l'approfondissement pathétique de la condition humaine : l'épopée et la tragédie antiques nous donnent cent exemples, qui nous touchent encore, d'humble soumission au destin, des exemples de bannissement, d'errance, de supplication, en même temps que d'une inflexible fierté à remplir cette condition humaine telle qu'elle est. Ils ne pouvaient aller plus loin, ils n'en savaient pas assez, du moins allaient-ils jusque-là, et ils y allaient sans orgueil ni arrogance. Rien n'est moins révolté que ce paganisme, rien n'est moins blasphématoire. Un mot vient spontanément sur les lèvres pour le définir et le caractériser : la piété. Priam est pieux. Antigone est pieuse.

Ce n'est certainement pas en reniant ce paganisme-là qu'on devient chrétien, c'est au contraire en l'assumant, en le délivrant dans ce qui est advenu : ce que de lui-même il n'a jamais pu imaginer parce que c'était inimaginable, mais dans lequel il est entré jusqu'à l'héroïsme, pour lequel il a balayé ses mythologies sans le moindre regard en arrière. Dès qu'il a su la vérité vraie, fini le cinéma! Rien au monde comme ce paganisme-là ne donne le sentiment d'un paradis perdu, dont le seuil reste interdit par une épée de feu, d'une incoercible nostalgie pour l'innocence première, d'une candide préparation à l'innocence recouvrée en Jésus-Christ.

Avant Jésus-Christ, et chacun de son côté, le monde païen et le monde juif étaient des mondes insatisfaits, mais, chacun à sa manière, l'un et l'autre étaient des mondes pieux. Le monde païen n'attendait rien, mais il était conscient jusqu'à la désespérance de la condition humaine et de sa misère. Le monde juif était tout aussi conscient de cette misère, mais lui, au moins, il attendait quelque chose, ou plutôt Quelqu'un. Depuis sa fondation, depuis Abraham, il avait reçu une révélation et une promesse. Il détenait la Parole de Dieu, du vrai Dieu. A tous les sens de l'explication, Dieu lui avait donné sa Parole, Dieu s'était engagé avec lui en vue de ce Quelqu'un qui allait venir.

Ce qui s'est passé du côté d'Ur en Chaldée, entre le Tigre et l'Euphrate, il y a maintenant quatre mille ans, est la découverte la plus importante que pouvait faire l'humanité, infiniment plus importante que la découverte de la roue, ou la découverte des premiers outils en silex, ou la découverte des moyens de faire et conserver le feu. C'est la découverte de Dieu, du vrai Dieu, découverte assez récente en somme : quatre mille ans ne sont pas un morceau de temps important par rapport aux centaines de siècles qui nous séparent de l'apparition du premier homme.

Cette découverte de Dieu n'en est pas une à proprement parler puisqu'elle n'a pas procédé du génie humain. L'initiative est venue de Dieu et ne pouvait venir que de lui, ce fut une révélation. Le texte de la Genèse est ici irremplaçable : « *Yahvé dit à Abram : " Va-t'en de ton pays, de ta patrie, de la maison de ton père vers le pays que je te montrerai. Je ferai de toi une grande nation, je te bénirai et je grandirai ton nom. Tu seras bénédiction. Je bénirai ceux qui te béniront et maudirai quiconque te maudira. En toi seront bénies toutes les familles du sol ". Abram s'en alla donc comme le lui avait dit Yahvé.* [...] *Ils partirent pour aller au pays de Canaan, et ils entrèrent au pays de Canaan. Abram traversa jusqu'à la localité de Sichem, jusqu'au chêne de Moreh. Le Cananéen était alors dans le pays. Yahvé apparut à Abram et dit : " A ta race, je donnerai ce pays! " Abram y édifia un autel à Yahvé qui lui était apparu.* » C'est le premier autel élevé au vrai Dieu qui pour la première fois vient de se révéler à un homme. Et se révélant pour la première fois, Dieu se nomme par un nom particulier, Yahvé, nom tribal du Dieu du clan hébraïque.

Du premier coup, Dieu se révèle donc comme le créateur du ciel et de la terre, maître de l'univers et de l'histoire, mais aussi et en même temps comme le partenaire d'une alliance exclusive avec le clan d'Abram, dont il va changer le nom en celui d'Abraham. Il y eut là un phénomène étrange, qui déroute la logique. Le Dieu révélé à Abraham est bien le vrai Dieu unique, et pourtant il se révèle comme le Dieu particulier d'une seule race et d'un seul clan. Tout le destin d'Israël est contenu dans cette élection et cette sélection. Il y eut appropriation mutuelle du vrai Dieu par le clan hébreu, et du clan hébreu par le vrai Dieu, l'honneur de l'un étant celui de l'autre, les victoires et défaites de l'un étant victoires et défaites de l'autre.

C'est pourquoi, à travers l'histoire tumultueuse d'Israël, retentissante de prophéties, de menaces, de déclarations d'amour, de pardons et de repentirs, c'est en effet une querelle d'amour qui se poursuit d'âge en âge, entre Israël et son Dieu, depuis quatre mille ans et qui, je le crois, se poursuivra jusqu'à la fin du monde. Avec des moments de tendresse et d'abandon, des éclats de jalousie et de colère. Dieu a parlé à son peuple, il lui a même parlé beaucoup, sur tous les tons, au point que cette Parole de Dieu deviendra le bien commun de ce peuple. Dans ce qui s'appelle par excellence le « Livre », les juifs déchiffrent leur identité et lisent leur destin.

Pendant deux mille ans, d'Abraham à Jésus-Christ, cette élection privilégiée du peuple hébreu est un fait historique qui a mis le peuple juif à part de tous les autres peuples : seul son Dieu est le vrai Dieu, créateur du ciel et de la terre et de tout ce qu'ils contiennent : il voit tout, il gouverne tout, par lui arrivent bonheur et châtiment. Il parle. Il écoute aussi les prières de son peuple et de l'opprimé. Cette élection fait à tout jamais de ce peuple un peuple qui n'est pas pareil aux autres. Mais quel peuple est pareil aux autres? Toutefois celui-là est un peu moins pareil que tous les autres. Chose plus étrange encore, pendant deux mille ans, il a porté seul la vocation et la bénédiction du monde entier : « *En toi seront bénies toutes les familles du sol!* » Et cette prophétie s'accomplira littéralement en Jésus-Christ, par excellence semence d'Abraham, qui étendra à l'univers la vocation d'Abraham.

Pendant deux mille ans, les Juifs en furent toujours à se demander : « Qu'est-ce que Dieu va encore nous dire? Quelle nouvelle Parole va-t-il nous adresser? Qu'est-ce qu'il va encore exiger de nous? Quel châtiment ou quelle récompense va-t-il encore nous envoyer? » Il n'y avait, pour ce peuple, de bien ou de mal que d'obéir à Dieu ou de lui désobéir, ce qui donnait au problème du mal une simplification terrible et sacrée, qui est sa véritable expression. Par une exaspération d'obéissance, dans la suite et par les *Talmuds*, les Juifs surchargeront encore la Loi (déjà si stricte) de commentaires, d'observances, de rites encore plus tatillons : il semblait qu'ils ne voulussent donner ou retenir leur souffle que ce ne fût en hommage à Dieu, leur Dieu, le vrai Dieu.

Pourtant là n'est pas l'essentiel. Quand il s'agit de Dieu (et aussi quand il s'agit de l'homme : nous sommes à son image), c'est le style dont Dieu fait les choses, la modestie, j'allais dire l'humilité et la précision extrêmes dont Dieu fait les choses, qui sont le plus révélateurs. Ayant décidé de se révéler à l'homme, sachant que cette révélation est le plus grand événement survenu à l'homme depuis sa création et sa chute, sachant que ce serait pour l'homme un surcroît imprévisible, une dimension nouvelle ajoutée à l'homme, et proprement infinie dans l'ordre de la connaissance, on ne peut pas commencer plus lentement et petitement que Dieu n'a commencé. Il fait sortir un homme, un seul, de son environnement social, de son clan. Il l'envoie dans un pays étranger, où il lui promet une terre, sans la lui donner immédiatement comme s'il en était chiche. Il lui fait en plus une promesse immense concernant toute l'humanité, mais ce n'est qu'une promesse : « *En toi seront bénies toutes les familles du sol* » et la race d'Abraham sera aussi nombreuse que les étoiles du ciel ou que le sable de la mer. Ayant fait cette promesse, Dieu ne se presse pas. Le moins qu'on puisse dire est que Dieu a l'air d'aller à l'accomplissement de la promesse avec des pieds de plomb. On dirait que Dieu veut que cet homme, Abraham, ait toutes les raisons de désespérer, de croire qu'il s'est trompé, qu'il a mal entendu, mal compris, qu'il a rêvé, que cette histoire de promesse et de descendance n'est que chimère, pire encore, mégalomanie, orgueil.

Au moment de la Promesse, Abraham n'était déjà pas si jeune. Dieu attend qu'il devienne vieux, très vieux, que sa femme aussi soit vieille, que ce ventre soit desséché, pour leur donner un fils, fils de la Promesse et du miracle. Ce fils, cet unique, si tard venu, voilà que Dieu commandera à Abraham de le mener sur la montagne, et là, de le lui immoler en sacrifice à la face du ciel. Abraham croit, jusqu'au bout il croit, il fait confiance à la Parole de Dieu, il obéit, il ne cesse pas de croire et d'espérer contre toute vraisemblance. Pour lui, la Parole de Dieu est toujours vraie, plus vraie que tout ce qu'il voit, que tout ce qu'il touche, que tout ce dont il ne peut pas douter, plus vraie même que ce fils qu'il tient lui-même du miracle. Ce n'est qu'au dernier moment, quand le couteau est déjà levé sur l'enfant, que Dieu intervient encore, comme étonné de tant d'obéissance, et que l'enfant sera sauvé.

Abraham obéit, il obéit toujours, c'est la loi de la foi comme c'est la loi de la vie. Le Pr Grassé écrit : « *Dans le vivant, les lois fondamentales ne se laissent impunément ni violer, ni même contester. Obéir ou mourir, telle est l'alternative.* » C'est l'alternative de la vie, c'est celle de la foi. L'analogie peut aller encore plus loin. La vie aussi a commencé petit, tout petit, dans une seule cellule probablement. C'est le sceau même de la création divine : pas d'emphase, pas d'inflation, pas de grandiloquence, pas de précipitation, telles sont les marques de Dieu dans son approche de la créature. Mais dès ce minuscule commencement, quelle ambition et quelle vigueur! Dans le piétinement lui-même, quelle certitude! Dès le départ, ce qui se dégage et qui restera constant, c'est un bouleversement de dialectique, la dialectique de l'ordre inférieur ne vaut plus pour l'ordre supérieur : *ce qui est impossible à l'homme est possible à Dieu!* Dès Abraham, c'est cela. Ça restera la même chose dans tout l'Évangile. Aujourd'hui, c'est encore la même chose. Et voilà l'essentiel.

Quand on ne sort pas du règne minéral, la spontanéité du vivant est également impossible. Il y a le règne de l'inanimé. Il y a le règne biologique. Il y a le règne de l'humain. Il y a le règne divin. Ce qui se produit dans le règne supérieur est tout à fait impossible dans le règne inférieur, selon les seules lois du règne inférieur. Cela arrive pourtant quand le règne supérieur fait irruption dans le règne inférieur, alors tout repart sur un autre programme. Mais toujours sans hâte, avec la lenteur de ceux qui ont une très longue route à faire, qui veulent arriver, qui savent qu'ils arriveront. Abraham a donc un fils, qui grandit et prend femme, Isaac. Dès Abraham avec Ismaël, dès Isaac avec Esaü, la descendance de la chair se distingue de la descendance de la Promesse (qui est aussi une descendance charnelle, qui est plus que cela). Et tout va très lentement. A la troisième génération après Abraham, les fils de la Promesse ne sont que douze, douze frères, pas tous très sympathiques d'ailleurs, qu'importe! Ils détiennent la Promesse et feront ce qu'il faut pour que ça continue.

Avec Jésus-Christ et dans la nouvelle alliance, tout recommencera de même, petitement, obscurément, et ce sera la fondation d'un règne nouveau. Ce qui était impossible dans le règne ancien sera possible dans le nouveau. Il y aura les mêmes signes : la fécondité miraculeuse d'une vieille femme. En plus il y aura la maternité d'une vierge. Il y aura la résurrection d'un homme assassiné depuis trois jours.

A chaque fois, la notion de mal prendra toute sa dimension de désertion du meilleur. Comme si la première cellule vivante avait préféré rester dans le règne minéral et avait refusé la vie. Comme si le premier homme avait préféré s'aligner sur l'animal et rester un animal pur, comme s'il avait refusé l'avènement de l'esprit. Comme si Abraham avait préféré rester païen et rester dans son clan d'origine, s'il avait refusé la révélation et la Promesse. Comme si la Vierge Marie avait refusé la proposition et la Promesse de l'Ange : « *Le fruit de vos entrailles sera le Béni!* » Et à chaque assentiment, ce qui est impossible dans un ordre inférieur se produit parce qu'on est passé dans un ordre et à un échelon supérieurs. Et à chaque fois, tout recommence sur un nouveau programme, sans en avoir l'air, tout petit, tout tranquillement, mais avec la vigueur, l'ambition, l'obstination de ce qui est nouveau mais qui veut être.

Dans le *Dialogue de l'Histoire avec l'Ame charnelle*, Péguy, toujours lui, a évoqué admirablement l'immense multitude païenne des générations anonymes qui se sont succédé sur la terre entre la création du premier homme et l'avènement du Christ. Contrairement à la condition du peuple juif qui, dès le départ, est la sélection, ici la condition de l'homme est le foisonnement. Les générations enjambent les générations et se succèdent comme les vagues de la mer : foules innombrables, qui sont nées, qui ont vécu, qui sont mortes hors du premier jardin, qui en ont gardé la vague nostalgie, réduites à l'impuissance, à peine conscientes d'elles-mêmes, ayant si peu de choix qu'elles pouvaient douter de leur liberté et de leur distinction, livrées dès l'enfance et pour toute la vie à toutes les angoisses, à toutes les peurs, à toutes les superstitions, parfois aux rites les plus cruels. Foules immenses et aveugles, subissant leur destin sans en connaître le sens, résignées à la douleur et à la mort, admirablement résignées à la douleur et à la mort.

Nous avons quelque peine à nous croire de la même race que les premiers primates qui se tinrent debout de manière constante, qui purent s'agenouiller, qui pour la première fois calculèrent l'espace comme nous le calculons, avec un en-haut et un en-bas, un à-droite et un à-gauche, un avant et un arrière, et qui étaient déjà de la même condition humaine essentielle que nous, sachant qu'ils mourraient, qu'ils pouvaient faire le bien et le mal, sachant déjà que le mal est le désertion du meilleur. Capables eux-mêmes de cette désertion, tombant, se relevant, fiers d'eux-mêmes ou ayant honte d'eux-mêmes, reculant parfois sur ce chemin plein d'embûches et de tentations qu'est toute vie humaine. Ayant fondamentalement les mêmes tentations que nous : l'illusion de se croire suprême, voler la femme du voisin ou son outil, tuer éventuellement son frère, quand une concupiscence l'emporte décidément en nous sur tout le reste.

Quand on pense à cet océan humain par rapport à quoi notre histoire proprement dite représente un gobelet d'eau, la seule chose qui nous relie fraternellement à cette immense masse anonyme est que la liberté a toujours joué pour l'homme son rôle entre un *oui* et un *non.* C'est même vertigineux d'y penser. Après tout, qu'en savons-nous? A combien d'autres hommes avant Abraham, Dieu a-t-il voulu parler, Dieu a-t-il proposé de sortir une fois pour toutes de leur clan d'origine pour aller courir au loin l'aventure de la même promesse, pour dresser au vrai Dieu un autel nouveau, pour fonder conjointement avec le vrai Dieu une race élue? Et qui refusèrent ce choix, le trouvant dur? A ces époques obscures et lointaines, il est probable que les contraintes du clan social étaient extrêmement serrées, contraintes de survie, impitoyables. Combien avant Abraham ont-ils trouvé cet arrachement au-dessus de leurs forces? Et il est toujours au-dessus de nos forces. Mais ce qui est impossible aux hommes est toujours possible à Dieu.

C'est là, au départ, qu'Abraham fut désormais le plus grand de tous les hommes avant lui, parce qu'il comprit, en dehors de tout intérêt personnel, ce qui était le choix le meilleur, qu'il fit ce choix, qu'il s'y tint, qu'il ne le déserta jamais. Il décida d'obéir à ce qui était suprême, à cet appel mystérieux et sans précédent qu'il avait perçu dans son cœur : « Sors de ta maison! Sors de ton clan! Sors de tes habitudes! Sors de ce qu'on t'a appris! Sors de tes idéologies et de tes propres idées! Sors, te dis-je, sors! Accepte la solitude de ceux qui ont fait le meilleur choix! Accepte la responsabilité d'être avec moi chef et fondateur d'un nouveau clan dont l'honneur sera mon honneur, père premier après moi, avec moi, d'une nouvelle famille du sol qui sera aussi ma famille humaine! » Oui, l'appel de Dieu, adossé à l'éternité, était premier, et la liberté d'Abraham était première : majesté en face d'une majesté. La grandeur de l'homme n'est pas tellement celle de sa vocation, c'est de répondre pleinement à cette vocation. Oui, peut-être que cet appel avait été fait maintes et maintes fois, et jusque-là refusé. Comme il arrive que sur des milliards de spermatozoïdes, tous au départ ont leur chance, un seul la prend et il est fécondé. La vocation d'Abraham fut un cas unique — d'autant plus précieux — où l'appel de Dieu fut enfin entendu et porta fruit.

Du coup, ce moutonnement antérieur, ce moutonnement humain, qui monte de la nuit profonde des millénaires, trouve dans la vocation d'Abraham sa crête culminante et sa raison d'être, tous les autres se perdant dans l'inutilité. Je ne veux pas dire que tous les autres hommes aient été damnés; je ne le crois pas. Je sais que Dieu veut que tous les hommes soient sauvés et que, s'il exige l'héroïsme, il n'éteint pourtant pas la mèche qui fume encore. Chacun de ces êtres obscurs, aussi misérable qu'il fût, submergé par les nécessités matérielles d'une survie difficile, parfois angoissante, terrible, partageant l'honneur et la subsistance d'un clan, terrorisé à la seule idée d'en être expulsé, se trouvait quand même, par ses responsabilités les plus humbles, en face d'un *oui* et d'un *non*. Comme il est facile, de l'extérieur, et quand on n'est pas dans la situation concrète de quelqu'un, de le juger mal et de penser qu'il vit mal. Mais parce qu'en effet Dieu veut que tous les hommes soient sauvés, sa sollicitude et sa miséricorde se sont étendues depuis toujours à chaque gouttelette de cet océan anonyme. Que cela se soit fait au nom du Christ à venir et qui devait advenir des milliers d'années plus tard, cela ne ferait que vérifier une fois de plus la loi biologique selon laquelle l'avenir est cause du passé et l'éminent cause de l'inférieur.

Ce mouvement humain est une évolution, une montée lente, effroyablement lente, comme tout ce qui est biologique. S'il y a un mystère de cette humanité qui a précédé le Christ, c'est un mystère analogue à tous les mystères biologiques. De la bactérie au cerveau humain, il y a une évolution dont on peut assigner les étapes. A l'intérieur du règne humain, il y a aussi progression. Ce qui compte, ce sont les seuils.

Alors que certaines espèces animales, comme les insectes, semblent engagées dans des impasses biologiques, l'homme se caractérise par l'élargissement toujours possible de son champ de conscience et de son espace de liberté. Mais dès le départ, dès son départ, l'homme s'est toujours senti obligé au meilleur choix, même s'il est plutôt rare qu'il fasse ce choix. Sa liberté se trouve accrue dans l'adhésion au choix le meilleur. On le voit bien dans la conquête de l'espace qui reste la parabole de notre destin. C'est en perfectionnant les moyens de transmission des ordres, les moyens de l'obéissance, en améliorant sans cesse les facultés de l'obéissance, que l'homme progresse dans l'investigation de l'espace. Cette conquête lui reste pourtant extérieure et fait partie de l'entreprise de conquête de la nature : *Imperium Naturae.* Or, pour l'homme, sa vocation principale a toujours été de conquérir son espace intérieur, l'espace de sa liberté : *Imperium suiipsius.* C'est aussi par l'obéissance et la perfection des moyens de l'obéissance qu'il y parviendra. Je pense que c'est exactement cela que Jean de la Croix voulait dire quand il affirmait que nous serons tous jugés sur l'amour. Éblouissante perspective! Écrasante responsabilité!

Bien qu'il me choque extrêmement, je comprends très bien l'effort de certains biologistes, comme le Pr Jacob, de limiter le destin humain à certaines finalités immédiates qui paraissent très courtes : car enfin je ne sais pas si le Pr Jacob a beaucoup d'enfants, il me paraît difficile de soutenir que son seul but dans la vie ait été d'assimiler, de se conserver et de se reproduire. On ne fourgue pas facilement le destin humain dans une impasse comme celui des insectes. Quand il s'agit de l'homme, on n'évite pas le vertige. Le vertige fait essentiellement partie du destin humain. Cela, Sartre l'a senti et il en témoigne par le mot « nausée ». L'insecte n'a pas la nausée : il n'est pas susceptible de vertige.

Cette attirance du choix le meilleur, cette poussée vers ce choix, sont transcendantes absolument à l'homme : il n'y a pas de limites par en haut à ce meilleur. Et pourtant cette attirance et cette poussée s'exercent au plus intime de l'homme. Toute la tradition chrétienne en témoigne : Dieu qui est par excellence le tout Autre est en même temps en moi plus intime que moi-même. Je ne vais pas démontrer cela. Que chacun se retourne en soi-même et qu'il sonde son propre cœur : c'est là le lieu de la sainte exigence. De l'exigence démesurée.

L'acte de liberté au sujet d'un choix qui est souvent au-dessus de ses forces est en même temps la preuve que l'homme peut se dépasser lui-même, même si cet acte est tout intérieur, comme lorsqu'il s'agit de surmonter sa haine et de la remplacer par l'amour. Mais cet acte de liberté, qui à la limite peut être un acte d'héroïsme, ne se comprend dans son intégrité que s'il inclut la poussée initiale aussi bien que l'attirance suprême. Pour le dire clairement, Dieu est au départ aussi bien qu'au terme de notre liberté. Cette poussée et cette attirance sont seules à donner à l'homme ce supplément de force intérieure qui lui permette d'accomplir des actes au-dessus de ses forces disponibles immédiatement. Traditionnellement, on donne à ce complément transcendant de l'acte de liberté, le nom de *grâce*, qui exprime parfaitement le caractère gratuit et disproportionné de ce complément : c'est un don d'en haut. Le conflit de la liberté et de la grâce n'existe pas. L'acte de liberté, surtout l'acte héroïque, est aussi inconcevable sans une grâce, que la projection d'une fusée dans l'espace est inconcevable sans une poussée de départ, sans trajectoire et sans orbite prescrites. La grâce est ce qui permet à la liberté humaine d'échapper, par une obéissance consentie, aux déterminismes inférieurs.

Mais c'est une grâce, c'est-à-dire un don, qui implique un partenaire à la hauteur du don : Dieu. La grâce est gratuite, elle se donne, mais elle pourrait ne pas être donnée, du moins en théorie. Dieu n'a jamais abandonné, n'abandonne pas, n'abandonnera jamais sa créature libre à son isolement et à son inertie. A son impuissance devant le choix le meilleur. Depuis l'origine de l'humanité, depuis le premier jardin, et de nouveau après la chute, la grâce de Dieu est toujours là, offerte, pour aider l'homme à surmonter les nausées du vertige et pour le hisser vers le choix le meilleur.

Quand Bergson parle de l'attirance que l'ordre supérieur biologique exerce sur l'ordre inférieur, il ne parle pas de nécessité, il parle d'attraction, de persuasion, de charme. Ces analogies conviennent parfaitement à la grâce.

« *L'absence est le plus grand des maux!* » C'est La Fontaine, le plus léger de nos poètes, qui a écrit ce vers discret et déchirant. Et ce vers n'est intelligible que dans le contexte de l'amour : que me fait l'absence de ce que je n'aime pas? Mais, si j'aime et dans la mesure où j'aime, l'absence est un insurmontable scandale pour l'esprit, souffrance pour le cœur, blessure de mon impuissance. Le signe le plus funeste de notre époque est que Dieu est absent et qu'il ne nous manque pas, il n'a pas l'air de nous manquer.

Que l'absence soit le plus grand des maux illumine de l'intérieur tout le christianisme comme des spots d'intense lumière électrique illuminent d'un coup l'immense cathédrale depuis la haute nef jusqu'aux bas-côtés. Si Dieu, après bien des approches amoureuses qui paraissent parfois d'une maladresse pathétique et qui emplissent tout l'Ancien Testament, a fini par s'incarner, par devenir un homme parmi les autres, c'est que lui aussi a ressenti le mal de l'absence, qui est par excellence le mal d'amour. Et c'est même le seul « mal » qu'il puisse y avoir en Dieu, et il n'y est que parce que Dieu est amour. Pour être présent à l'homme, pour que l'homme lui soit présent, il n'a rien inventé de mieux que de devenir homme et d'habiter parmi nous.

On ne peut pousser plus loin l'imagination du cœur et la démesure de l'amour.

La différence entre l'Ancien et le Nouveau Testament, porte moins sur l'amour que sur la réciprocité de l'amour. L'Ancien Testament a connu l'amour et l'exigence de l'amour, il est même fondé sur cette exigence : « *Tu aimeras le Seigneur, ton Dieu, de tout ton cœur, de toute ton âme, de toutes tes forces, de tout ton esprit !* » C'est encore au nom de cet amour, dans cet amour que le prochain lui-même doit être aimé. Ce commandement d'amour, le plus grand, le plus vaste, au point de contenir tous les autres à l'intérieur de ses frontières et de contenir aussi toute la Loi et les Prophètes, ce commandement s'adressait à l'homme. Il a été illustré admirablement par les saints de l'Ancien Testament qui sont aussi nos saints, et par le premier et le plus grand de tous, Abraham.

Mais ce que les chefs des Juifs, dont parle tant l'Évangile de Jean, n'ont pu imaginer, c'est que cette loi d'amour total et démesuré soit aussi la loi de Dieu, que Dieu puisse languir d'amour après l'homme comme Abraham languissait d'amour après Dieu.

C'est peu de dire que Dieu a besoin des hommes : pour Dieu, dans la dialectique surprenante et débordante de l'amour, l'absence de l'homme est le plus grand des maux. Par rapport à l'Ancien, c'est là que commence le Nouveau Testament. Il y eut ce flottement, ce désarroi, qu'on sent frémir d'un bout à l'autre de l'Évangile, quand les chefs des Juifs assaillent Jésus de questions : « Qui êtes-vous? - Qui dites-vous que vous êtes? - Qui prétendez-vous être? - Pour qui vous prenez-vous? » Et cette autre question, cette fois de Jésus lui-même : « *Et vous, qui dites-vous que je suis?* » Ce sont appels d'amoureux qui se cherchent dans la nuit. C'est l'amour qui précède et amorce la découverte.

Dieu se languit de l'homme et, à la fin, ne supporte plus son absence. Il ira donc lui-même au-devant de l'homme. Il fera seul tout le chemin. Il revêtira la nature humaine, comme dans Molière les amoureux se déguisent en professeurs de musique. Il ira plus loin que le déguisement, il sera le professeur de musique, ce n'est pas par jeu qu'il est devenu homme : il est homme pleinement, aussi parfaitement qu'il est Dieu. N'importe quoi! oui, n'importe quoi, pourvu que cesse l'absence! Et une fois que c'est fait, n'importe quoi encore pour séduire l'homme, pour prouver qu'on l'aime, qu'on aime à la folie, oui, n'importe quoi! « Je partagerai ton pain et le vin dans la coupe! Je partagerai avec toi la fatigue du chemin! Je partagerai avec toi l'injure et les coups, l'humiliation, les reniements, la trahison! J'irai jusqu'au bout : je partagerai la peur, l'angoisse, la souffrance, l'agonie, la mort! Pour que rien ne puisse exister au ciel et sur la terre qui soit de la condition humaine, et qu'un jour tu pourrais me reprocher de n'avoir pas partagé. Il n'y a qu'une chose, une seule, que je ne partagerai pas avec toi, c'est le péché. Car le péché, c'est précisément ton absence à moi, ta défection, ta dérobade, ta fuite loin de moi, ta désertion, ton refus de moi. J'expérimenterai aussi cette honte humaine d'être le chef sur le champ de bataille, abandonné par son armée. Et j'entendrai retentir sous terre le rire du Pharaon pensif qui ne veut à l'homme que le mal. Car moi, je ne suis ni un déserteur, ni un fuyard. Je te l'ai montré tout au long de ma vie et de ma passion. Si tu veux me rencontrer, tu me trouveras toujours en avant de toi et sur le chemin qui monte!

Es-tu seulement curieux de savoir pourquoi j'ai voulu tout partager avec toi? Le meilleur et le pire? Pour briser une fois pour toutes ta solitude. Chacun vit, meurt seul, crois-tu? Ce n'est plus vrai maintenant. J'ai voulu que ni pour jouir, ni pour souffrir, ni pour mourir, tu ne sois plus jamais seul. Moi seul, parce que je suis aussi ton Créateur et ton Dieu, je puis pénétrer jusqu'à l'intime de ton être et de ta singularité. Je te suis désormais trop intime pour que tu sois seul, à moins que tu ne préfères rester seul? Mais moi, j'aurai au moins tout fait pour que tu ne le sois plus désormais. »

Certes les miracles, les prophéties accomplies avant le Christ et par le Christ, me touchent et m'impressionnent; ils constituent la preuve traditionnelle que Jésus est bien ce qu'il disait : l'envoyé de Dieu, le Messie attendu par Israël, celui qui a le droit, en tant que Dieu, de pardonner les péchés, de remettre l'homme sur orbite; on le touche seulement et l'âme aussi bien que le corps sont guéris. Mais prophéties et miracles ne prennent leur sens plein que par l'amour.

La prophétie, qui retentit tout au long de l'histoire d'Israël, est une correspondance amoureuse. Dieu n'en finit pas de déclarer à Israël son amour, il envoie lettre sur lettre, messager sur messager. Il nous connaît, il sait y faire. Il sait que, pour toucher le cœur de la belle, rien n'est plus efficace que de lui répéter qu'on l'aime, qu'on n'aime qu'elle; rien n'est plus efficace que de lui faire, même de loin, des scènes de jalousie. C'est toute l'histoire de l'Ancien Testament.

Et les miracles? Les miracles sont des cadeaux, des surprises, dont on ouvre le paquet avec impatience et le cœur battant. Ils disent tous la même chose : que Dieu nous aime.

Tout l'Ancien Testament n'est qu'une préparation, une approche amoureuse, une approche artistique aussi bien. Dieu est un merveilleux metteur en scène, il sait tellement qu'il faut surprendre le spectateur avec ce qu'il attend, ce qu'on lui a fait attendre. Souvenez-vous de la pièce de Giraudoux *La guerre de Troie n'aura pas lieu :* tout le premier acte se passe à parler d'Hélène sans qu'elle paraisse. En bien, en mal, en interrogations, en insinuations, en regrets, en reproches, en louanges, on ne parle que d'Hélène. Et puis au deuxième acte, la voilà, et c'est elle qui mène toute l'action.

Quand on le lit dans sa progression dramatique, tout l'Ancien Testament ne parle que du Christ. Et puis il paraît. On ne l'attendait pas comme il est, mais c'est bien lui, ce ne peut être que lui. On relit les Prophètes, toute sa correspondance antérieure et tout s'éclaire. C'est la Nouvelle Alliance qui justifie tout le premier acte et qui désormais entraîne toute l'action. Ah, oui! Il connaît bien mal son art, celui qui trouve au Vôtre quelque défaut.

Le Christ, Dieu lui-même dans le Christ, est par excellence le don le plus gratuit, le plus plein, le plus généreux, le plus gracieux. Ce don n'était pas nécessaire, bien qu'il consomme éminemment la dialectique de la grâce. Ce don suprême a été choisi et voulu par Dieu lui-même, il ne pouvait l'être que par lui, pour nous aider et nous sauver. Sans que Dieu abandonne pour autant sa créature libre, il pouvait très bien la secourir par d'autres voies, par une infinité d'autres voies, et il n'y aurait rien eu à dire. Ce n'est pas à nous de donner une mesure au don de Dieu. La dialectique concrète, entre toutes assignée au salut de l'homme, sa consommation dans le Christ, né d'une vierge sous l'empereur Auguste, mort crucifié sous Ponce Pilate, ressuscité des morts le troisième jour, est une histoire unique, éminente, qui comble d'étonnement, de gratitude, parce qu'elle surpasse au départ toute imagination créée. L'aventure du Christ est un fait auquel nul ne peut échapper : cette aventure est trop sublime, suprême, parfaite, pour qu'il soit désormais concevable qu'elle ne soit pas le pôle absolu de tous les magnétismes spirituels passés, présents, futurs. Il n'était pourtant pas nécessaire que ce pôle nous fût donné, mais il nous a été donné et il recouvre de droit tout l'univers des esprits.

Ici encore, c'est le cher Péguy que je citerai : « *Il y a des gens qui veulent perfectionner le christianisme. C'est un peu, c'est même tout à fait, comme si on voulait perfectionner le nord, la direction du nord. Le malin qui voudrait perfectionner le nord. Le gros malin. Il y a des directions, des sens qui sont une fois donnés, qui ont une fois été donnés, le nord dans le monde physique et le christianisme dans le monde mystique.* [...] *Le nord est naturellement fixe; le christianisme est naturellement et surnaturellement fixe. Ainsi des points fixes ont été donnés une fois pour toutes dans l'un et l'autre monde, dans le monde naturel et dans le monde surnaturel, dans le monde physique et dans le monde mystique. Et tout le travail, tout l'effort est ensuite de les garder, de les tenir. Loin de les améliorer au contraire.* »

Longtemps, très longtemps, je me suis étonné que ce don de Dieu, exhaustif et total, si prodigieusement surprenant, qu'est le Christ, soit relativement si peu reconnu, en tous les cas si peu apprécié à son prix. Qu'il ait même été rejeté par les Juifs, alors que cette aventure constitue le sommet et la fleur suprême de l'aventure juive. Que même par les chrétiens, par ceux qui se croient et se disent chrétiens, cette aventure du Christ soit généralement si peu reconnue et vécue comme le don par excellence. Je m'en suis beaucoup scandalisé, et j'accusais les hommes, Juifs ou chrétiens, je m'accusais moi-même d'ingratitude et d'aveuglement. Et il y a sans doute de l'ingratitude et de l'aveuglement. Mais maintenant je crois qu'il y a surtout de la paresse d'esprit et un manque singulier d'imagination du cœur. Un tel don nous dépasse trop, c'est tellement beau que c'est trop beau. Loin de nous en sentir indignes, nous jugeons Dieu par nos propres limites, par notre propre avarice de cœur. Pratiquement, pour nous, si durs et avares de cœur, c'est tellement beau que nous n'y croyons pas vraiment, c'est tellement fou, d'une prodigalité tellement irréversible, que nous préférons penser que ce n'est peut-être pas vrai. Croyez-vous que nous vivrions tous comme nous vivons, si cette histoire occupait notre âme comme elle le devrait? Nous préférons notre avarice au don de Dieu, et cette aventure du Christ, nous la traitons un peu comme les Grecs traitaient leur mythologie : nous nous en faisons du cinéma. Mais je me demande jusqu'à quel point nous la tenons pour véridique. Pourtant cela s'est bien passé comme ça, de *A* jusqu'à *Z*, comme ça. Jésus-Christ est vraiment le Fils de Dieu fait homme et son aventure est réelle, historique, vraie.

Ainsi l'incarnation du Fils de Dieu, sa mort sur la croix et sa résurrection d'entre les morts sont une série d'événements absolument éminents et déterminants dans toute l'évolution de l'humanité. Du point de vue de la destination de l'homme et de tous les hommes, tout finit par s'apprécier, par prendre prix, par rapport à lui. Alors il se passe une chose extraordinaire. Il y a deux mouvements concentriques dont le Christ est le centre.

Il y a un large mouvement concentrique, et qui embrasse toute l'humanité païenne, c'est la nostalgie païenne; et il y a un mouvement plus étroit, plus explicite, dans le milieu infiniment plus restreint du clan d'Abraham et de la prophétie juive. Les païens poussaient jusqu'à une langueur d'ennui qui nous émeut le désir naturel de voir Dieu. Les Juifs furent animés par une impatience plus violente, car eux étaient soutenus par une Promesse qui faisait leur raison d'être : ils pressentaient de manière de plus en plus précise les contours de Celui qui allait venir. Ils désiraient son avènement avec véhémence. Il reste stupéfiant qu'ils aient été si peu nombreux à le reconnaître. Aussi peu qu'ils aient été, ils ont été tout de même assez nombreux et assez dévoués pour en répandre la nouvelle à travers le monde.

Quand je parle ainsi des païens et des Juifs, je n'ignore pas ce qu'il y eut d'équivoque, et parfois d'abominable, dans l'une et l'autre tradition. Je parle chez les uns et chez les autres d'une ligne de faîte toujours ascendante, suivie fidèlement par les meilleurs d'entre eux, dont Homère, Platon, Sophocle, nous ont laissé le témoignage chez les Grecs; qu'Abraham, David, Isaïe, Daniel ont si clairement suivie chez les Juifs. Je trouve Simone Weil bien injuste de reprocher aux Juifs les crimes de leur histoire et de ne trouver qu'innocence chez les Grecs. C'est un parti pris trop facile. Tout ce qui est humain est pécheur, aussi bien chez les Grecs que chez les Juifs : chez les uns et chez les autres il y eut des déserteurs du choix le meilleur. Chez les païens et chez les Juifs, il y eut des abominations, moins sans doute chez les Juifs que chez les païens : les

Juifs ont toujours eu horreur des sacrifices humains. Mais des abominations, croit-on que chez les chrétiens il n'y en eut pas ? Croit-on que dans notre monde moderne, il n'y en a pas ?

Je n'aime pas que, dans une tradition humaine, on ne voie que les souillures, les aveuglements, les crimes ; que, dans l'histoire juive, on ne voie que les villes cananéennes stérilisées au sel, qu'on oublie la révélation du Sinaï et les Psaumes. Je n'aime pas que, de la tradition païenne, on ne retienne que l'esclavage et les aberrations de l'idolâtrie, qu'on oublie Priam, Antigone et les suppliants antiques. Je n'aime pas que, dans l'histoire du christianisme, on ne voie que l'Inquisition, le bûcher de Montségur, la Saint-Barthélemy, qu'on écarte délibérément le Sermon sur la Montagne, François d'Assise, Jeanne d'Arc et Soljénitsyne.

Pour moi, toute l'histoire de l'homme se résume au souvenir vague mais lancinant d'un premier paradis perdu et interdit, puis à la lente maturation du sentiment qu'il a été en effet banni, et que, pour lui, l'attitude la plus vraie est la supplication et l'agenouillement sur un seuil fermé. D'autre part, à l'intérieur de cette immense masse humaine, il y a eu la révélation faite à Israël et Israël a vécu de cette révélation et de cette Promesse. Et puis il y a Jésus-Christ qui incarne de manière surabondante la Promesse faite à Israël. Mais en même temps il comble la nostalgie suppliante, la nostalgie païenne. La surprise a été totale pour tous. Ni les païens, ni les Juifs n'attendaient que leur attente fût comblée comme elle l'a effectivement été.

De sorte que toutes les cartes sont tombées de toutes les mains et que le jeu a été entièrement redistribué à partir de Jésus-Christ. Désormais il y a ceux qui savent qui il est, et qui l'adorent, plus ou moins bien, comme Dieu fait homme. Il y en a d'autres qui ne savent pas qui il est, et qui parfois ignorent jusqu'à son nom. Il y a enfin les Juifs qui attendent ce qui est advenu.

Et puis enfin, aujourd'hui il y a le monde moderne, qui est tout autre chose, qui récuse également la piété païenne, le messianisme juif, l'adoration chrétienne, qui rejette tout cela à la fois et qui est fondé sur l'impiété.

Comme l'écrivait encore Péguy : « *Il y a que le monde moderne est un monde inchrétien. et qui a parfaitement réussi à se passer du christianisme.* » Aussi bien d'ailleurs que du paganisme antique et du messianisme juif. Ce monde moderne se moque aussi bien d'Antigone, de Moïse que de saint François d'Assise. Or le monde moderne est notre monde, celui dans lequel nous mourrons, bien que, depuis quelque temps, très peu de temps, il donne des signes d'épuisement et qu'on entende en lui d'étranges craquements intérieurs. Ce qui n'est pas fait pour nous rassurer. Nous ne savons guère par quoi le remplacer.

Il y a eu donc un monde païen et il y a encore un monde païen.

Il y a eu le monde juif et il y a encore un monde juif.

Il y a eu un monde chrétien et il y a encore un monde chrétien, enfin des restes d'un monde chrétien.

Et il y a enfin le monde moderne, qui s'oppose à tous ces mondes, antérieurs à lui, qui les déstabilise de l'intérieur, qui ne peut survivre que sur la ruine de ces mondes antérieurs et particulièrement sur la ruine du monde chrétien.

Nous sommes au moment où ce monde moderne perd lui aussi l'équilibre. Il sait qu'il n'a plus rien de chrétien. Mais on se demande s'il a encore quelque chose d'humain. Il est incapable de produire un François d'Assise, mais il est tout aussi incapable de produire un type humain analogue à Antigone ou au Roi David. Le produit idéal de ce monde moderne, c'est peut-être un robot. Et, dans le cas où l'homme s'acharnerait à survivre, ce serait un vivant aux finalités délibérément restreintes, comme celles d'un insecte.

CHAPITRE QUATRIÈME

La présence de Dieu

Au seuil de ce dernier chapitre, il me semble que le lecteur peut relire d'un œil neuf le fameux prologue de l'Évangile de Jean. Il me paraît répondre à cette nostalgie païenne dont j'ai parlé et au désir de voir Dieu :

A l'Origine était la Parole.
Et la Parole était en Dieu.
Et la Parole était Dieu.

A l'Origine, la Parole était en Dieu.
Par elle tout existe
Et rien de ce qui existe
N'existe et n'a été fait en dehors d'elle.
En elle est la Vie
Et tout ce qui a été fait

En elle est vie.
Et la Vie est la lumière des hommes.

. . . .

La Loi a été donnée par l'intermédiaire de
[Moïse.
La grâce et la vérité se sont répandues par
[Jésus-Christ.

Dieu, nul ne l'a jamais vu.
Le Fils Unique, qui est dans le sein du
[Père,
Lui, nous en a fait la narration.

Quand on lit cet étrange prologue, en respectant sa frange de mystère, il nous apparaît comme une prodigieuse *information*, au sens moderne du mot, en même temps révélation et programme. On comprend qu'une telle information ait bouleversé tout le système intellectuel hellénique, qui semblait pourtant l'attendre depuis toujours. Elle a drainé d'un seul coup tout ce que ce système comportait d'attente et de recherche, jusqu'à ce jour vaines. Sur la langueur païenne, ce fut une précipitation de lumière.

Pour ce qui concerne la Prophétie juive, c'est le prologue de l'Epître aux Hébreux qu'il faut citer. Dans cette ligne, il est tout aussi lumineux, catalyseur de cette Prophétie :

Dans un Discours multiple
Et de bien des manières,
Dieu a parlé à nos Pères
Par la bouche des Prophètes.

En dernier lieu et de nos jours
Dieu nous a même parlé à nous
Dans et par son Fils,
Qui, dès l'Origine, a été constitué l'héritier du
[Cosmos,
Par qui Il a créé les siècles des siècles.

C'est lui, le Fils qui est la splendeur de sa
[Gloire,
Le sceau de sa propre substance :
Il est l'assise de tout, il tient tout par la Parole
[de son énergie.
Il opère la purification des péchés.
Il siège dans les hauteurs à la droite de la
[Majesté
Bien au-dessus des Anges,
De même que le nom qu'il a reçu par droit
[d'héritage
Excelle au-dessus de tous les autres.

On ne peut dire plus clairement que Jésus-Christ, Fils Unique du Père, détient à lui tout seul et substantiellement tout le patrimoine génétique de Dieu et que tout le cosmos n'existe qu'en participation lointaine et dégradée à cette transcendante détention de substance divine. Ce Fils naturel de Dieu est désormais parmi nous, c'est lui qui nous a parlé mettant le comble et un terme à la Prophétie. Du moment que l'avenir est cause du passé, et l'éminent de l'inférieur, depuis Abraham, la poussée ascensionnelle de la race élue aspirait biologiquement et spirituellement au Christ. Il est vrai, biologiquement et spirituellement vrai, que Jésus-Christ est la cause d'Abraham, sa « justification », sa raison d'être : il comble la Promesse qui lui a été faite. Et il la comble comme l'œuf éclos comble la promesse que constituait le spermatozoïde fécondé, avec en plus quelque chose d'inespéré et de suprême.

De même qu'il détient tout le patrimoine génétique de Dieu, Jésus-Christ détient aussi le patrimoine génétique d'Abraham, au point que saint Paul l'appelle, au singulier et par excellence la « *semence d'Abraham* », à qui toutes les promesses ont été faites.

Quand Jésus-Christ dit aux Juifs ces paroles singulières que l'Evangile de Jean nous a rapportées : *« Avant qu'Abraham fût, JE SUIS »*, c'est ce double patrimoine génétique qu'il revendique comme sien, en tant qu'héritier unique et totalement légitime de l'un et de l'autre, au point qu'il n'y a jamais eu de fils et de filles légitimes, aussi bien de Dieu que d'Abraham, qu'avec Jésus-Christ, en lui, par lui, par participation à sa race.

« Avant qu'Abraham fût, JE SUIS! », cela est vrai dans un double sens. Dans le sens éternel, c'est vrai parce que Jésus-Christ, Fils Unique de Dieu, est Parole de Dieu dans l'éternité. Mais c'est encore vrai dans le temps et l'histoire : la Promesse et la Vocation ont fait d'Abraham le Patriarche qu'il est devenu, père et géniteur de tous les croyants. Or cette Promesse et cette Vocation sont génétiquement à l'intérieur de la Parole de Dieu de toute éternité et antérieurement à Abraham et à tout le peuple juif, comme le gland précède le chêne, qu'il est déjà génétiquement.

Quand donc Jésus-Christ affirme aux Juifs : *« Avant qu'Abraham fût, JE SUIS »*, son discours est biologique. Ses auditeurs ne le comprennent pas ainsi, ils ne se fient qu'aux apparences. (Et c'est l'un des points capitaux où, au sujet de Jésus-Christ, il y a contradiction entre les apparences et la réalité.) « *Vous n'avez pas encore cinquante ans, et vous avez vu Abraham*? » Leur discours est « réductionniste ». Or rien ne trahit la réalité biologique comme le réductionnisme. Les interlocuteurs de Jésus mesurent ce qu'ils voient, ils évaluent grosso modo l'âge du Christ. Jésus-Christ, lui, parle dans la réalité éternelle qui échappe aux apparences et à toute mesure.

Le Pr Grassé écrit : « *L'âme a de commun avec la vie d'exister sans être saisissable et d'échapper à la mesure. L'une et l'autre sont des* SURRÉALITÉS, *produits de structures, d'architectures matérielles d'une qualité déterminée.* » Je pense que ce n'est que par distraction de langage que Grassé parle de l'âme comme d'un « produit ». En réalité, on ne peut *réduire* la vie à son conditionnement physico-chimique; on ne peut *réduire* l'âme à son conditionnement biologique; on ne peut *réduire* Jésus-Christ à son conditionnement historico-social, et c'est ce que les Juifs, ses interlocuteurs, faisaient. Certes il est un personnage historique. Mais par-dessus tout il est le Don de Dieu. Par là, il transcende l'histoire, il transcende tout.

« *L'absence est le plus grand des maux.* » Bernanos me disait et il me l'a dit souvent, tant cette pensée lui habitait le cœur : « Quand on pense à ce que fut cet homme, Jésus-Christ, pleinement homme, pleinement Dieu, quand on pense qu'il a marché sur nos chemins, que certains hommes, certaines femmes, ses contemporains, ses compatriotes, l'ont vu, l'ont écouté, l'ont touché de leurs mains, quand on pense à l'apôtre Jean qui a posé la tête sur sa poitrine, à Marie-Madeleine qui a pleuré sur ses pieds et a essuyé ces pieds avec sa chevelure; à l'apôtre Thomas qui a mis le doigt dans ses plaies glorieuses, il y aurait de quoi périr de chagrin de n'être pas né à ce moment-là, de n'avoir pas vécu en Palestine en ce temps-là, de n'avoir jamais rencontré Jésus-Christ, de n'avoir jamais vu la couleur de ses yeux, de n'avoir jamais entendu le son de sa voix, de n'avoir jamais écouté ce qu'il disait, touché la frange de son vêtement. Il devait être si beau, si aimable, à la fois si grand et si près de nous. Comme il devait être merveilleux de plonger son regard dans le sien et de se sentir compris, comme ce jeune homme que Jésus fixa du regard et qu'il aima! Ses paroles portaient le salut. Oui, il y aurait de quoi périr de chagrin de n'avoir pas été là près de lui, sur les bords du lac de Génésareth, ou à Gethsémani, ou dans le jardin de Joseph d'Arimathie, lors de ce clair matin de printemps où il a renversé la pierre du tombeau et terrorisé la garde... Heureusement nous l'avons dans l'Eucharistie! »

Oui, l'Eucharistie nous garde Jésus-Christ, nous l'avons à nous, physiquement à nous, autant et mieux que ceux qui l'ont eu pendant sa vie mortelle, qui ont mangé à la même table que lui et qui l'ont aimé. C'est vrai, si l'ascension du Seigneur, quarante jours après sa résurrection, avait dû inaugurer une absence, nous serions les plus malheureux des hommes et il y aurait en effet de quoi périr d'ennui et de langueur d'amour. L'absence est le plus grand des maux : surtout son absence à lui, c'est vrai.

Jésus-Christ n'a jamais cessé d'être parmi nous, d'y être corporellement, comme un être en chair et en os, sous les apparences du pain et du vin, et sa tente n'a jamais cessé d'être habitée. Je me méfie, oh! comme je me méfie — au sujet de l'Eucharistie — de ces modes de présence qui se veulent moins grossiers qu'une présence corporelle, et qui se prétendent pourtant une « présence réelle », mais qui ne sont en fait que des présences symboliques ou de mémorial. Ce ne sont finalement là que manières de déguiser une véritable absence de cet homme qui est Jésus-Christ. Quand pour une lointaine réunion de famille, j'envoie un télégramme avec des fleurs pour dire : « Je suis de tout cœur avec vous! » ou « Mon esprit ne vous quitte pas! » ou « Que ces fleurs disent ma présence à vos côtés! », ou que par un éloge j'inaugure un « mémorial » en l'honneur d'un héros, tout cela ne veut dire qu'une seule et même chose : c'est que malgré mes fleurs et mon télégramme, je ne suis pas là; malgré le « mémorial », le héros n'est pas là.

Pour un homme vivant de chair et de sang, la vraie manière, la manière réelle et loyale, la manière sans équivoque possible d'être présent, c'est d'être là en chair et en os, d'y être éveillé, attentif, non seulement avec son corps, mais avec tout son cœur, toute son âme, tout son esprit, et — pour ce qui concerne Jésus-Christ, j'ajoute — avec toute sa Divinité. Telle est la manière dont Jésus est présent dans l'Eucharistie.

Je sais bien que cette présence eucharistique de Jésus-Christ parmi nous pose des problèmes, mais ces problèmes ne touchent que les apparences, la réalité n'est pas réciproque. Il n'y a plus de pain, il n'y a plus de vin après la consécration : sous les apparences du pain et du vin, il y a le corps et le sang de Jésus-Christ vivant dans l'éternité.

Je sais bien que, si on soumettait aux instruments les plus perfectionnés une hostie consacrée, le savant ne découvrirait jamais que ce qui est mesurable, les accidents du pain : le corps du Christ ne lui apparaîtrait jamais. La science ne va pas au-delà du masque, elle n'analyse que le masque. C'est la foi seule et la parole donnée par Jésus-Christ (« *Ceci EST mon corps — Ceci EST mon sang* ») qui nous contraignent d'affirmer que, derrière les apparences du pain il y a le corps du Christ et rien d'autre substantiellement; derrière les apparences du vin il y a le sang du

Christ et rien d'autre substantiellement. Le corps et le sang du Christ sont là substantiellement présents à la manière dont les substances sont présentes, au-delà de toutes les contingences spatiales, temporelles, mesurables, hors de toute aventure; l'aventure de ce corps et de ce sang étant celle-là même qui leur est, une fois pour toutes, advenue sur la croix.

C'est donc à ce niveau des substances que se situe le miracle eucharistique, et à ce niveau-là, aucune objection scientifique n'est recevable, aucune n'est même concevable. Par définition, le miracle eucharistique est hors de portée de la science. Les paroles de Thomas d'Aquin sont admirables de précision pour affirmer que la foi seule est proportionnée à cet événement substantiel :

L'œil, la main, la langue se trompent à votre [sujet.
L'entendement seul vous appréhende dans la [sécurité de la foi.
Je crois tout ce que le Fils de Dieu a [affirmé.
Rien au monde n'est plus vrai que la Parole de [Vérité.

Je n'ai pas fait de ce livre un livre polémique. Pour une fois, que le lecteur m'en donne témoignage. Ce n'est pas de la polémique que de noter en dernier lieu que la présence eucharistique de Jésus-Christ parmi nous ne peut en rien diminuer la dévotion que nous portons à la Parole de Dieu dans l'Ecriture. Si on aime, si on aime vraiment, on veut tout de l'aimé. On n'est satisfait que de sa présence corporelle, vivante et physique. Mais on garde aussi précieusement toutes ses lettres d'amour. Je l'ai, je crois assez dit, l'Ecriture est une accumulation de messages d'amour.

L'absence est le plus grand des maux. Jésus-Christ, témoignage vivant et concret de l'amour de Dieu pour nous, le savait. De son côté, il a supprimé ce mal de l'absence. Il est là, c'est lui et nul autre, rien d'autre. Si ce masque le cache, il nous le révèle aussi, plus nourricier que le pain dont il a les apparences, plus enivrant que le vin dont il a les apparences. Nous pouvons dévorer la chair du Héros, boire son sang, pour nous assimiler ses vertus et sa Divinité. L'eucharistie est l'instrument propre de la divinisation de l'homme, dans la foi, l'adoration, l'obéissance d'amour.

Avec l'âge qui avance, s'il y a un chrétien que je comprenne et que j'admire, c'est bien le père de Foucauld, prêtre, qui s'enfonce au cœur du désert, pour vouer sa vie à l'adoration solitaire de Jésus-Christ présent dans son sacrement, dans un petit oratoire en torchis qu'il a construit de ses mains. Il a compris que le premier devoir du cœur est de vivre avec celui qu'on aime et dont on est aimé. Quand celui-là est Dieu, ce devoir est suprême, absolu. Une fois pour toutes, Charles de Foucauld s'est mis en la présence de Dieu : la mort n'a substantiellement pour lui rien changé à sa situation d'amour.

En 1900, faisant à l'Académie des Sciences morales et politiques, l'éloge de son prédécesseur, le philosophe Ravaisson, Henri Bergson définissait ainsi le matérialisme et le spiritualisme. Je cite cette double définition parce qu'elle me paraît très éclairante dans le sujet qui nous occupe. Même si je donne parfois au lecteur l'impression de faire l'école buissonnière, je demeure convaincu que l'école buissonnière n'est pas celle où l'on perd toujours son temps.

Bergson disait : « *Il (Ravaisson) distinguait deux manières de philosopher* :

« — *La première procède par analyse : elle résout les choses en leurs éléments inertes; de simplification en simplification, elle va à ce qu'il y a de plus abstrait et de plus vide. Peu importe d'ailleurs que ce travail d'abstraction soit effectué par un physicien qu'on appellera " mécaniste ", ou par un logicien qui se dira " idéaliste ": dans les deux cas, c'est du matérialisme.*

« — *L'autre méthode ne tient pas seulement compte des éléments, mais de leur ordre, de leur entente entre eux et de leur direction commune. Elle n'explique plus le vivant par le mort, mais, voyant partout la vie, c'est par une aspiration à une forme de vie plus haute qu'elle définit les formes les plus élémentaires. Elle ne ramène plus le supérieur à l'inférieur, mais au contraire l'inférieur au supérieur. C'est, au sens propre du mot, le spiritualisme.* »

Ces quelques lignes denses, écrites dès la première année du siècle, décrivent exactement l'histoire de la pensée et du progrès scientifique, depuis la Renaissance et Descartes, jusqu'à nos jours. Cette histoire part du matérialisme (mécaniste ou idéaliste) et chemine lentement jusqu'au spiritualisme qui seul rend compte de l'ordre, de la vie et finalement du concret. Le « réductionnisme » s'identifie pratiquement au matérialisme qui a si longtemps triomphé et jusque en ces dernières années; Bergson ne constatait pas, il prophétisait. Il reste merveilleux que, dès la première année de ce siècle, les choses aient été dites aussi clairement. L'assimilation du réductionnisme au matérialisme est le principe fondamental qui permet de juger et de condamner l'esprit du monde moderne. Il est non moins remarquable que, dans sa toute récente évolution, la science s'insurge contre le réductionnisme après s'y être si longtemps compromise.

Le fait de définir le réductionnisme par l'analyse et l'abstraction généralisatrice condamne aussi l'excessive rationalité et les abus de l'intellect qui sont le mal propre du siècle et des siècles précédents : il devient impossible de rejoindre le réel, parce que la pensée s'enferme volontairement dans le ghetto de l'abstraction, du système et de l'idéologie. Quand on en est là, peu importe qu'on se dise mécaniste ou idéaliste, l'illusion est la même : c'est celle du matérialisme qui croit expliquer en réduisant tout aux éléments, et qui laisse échapper l'essentiel, l'idée directrice, l'élan créateur, la forme vivante, la poussée ascensionnelle de l'évolution.

Il y a nécessairement un élément de vertige dans la fidélité de l'intelligence à l'évolution créatrice : de l'atome au cerveau humain et dans le domaine invisible du *sur-réel*, c'est un très long cheminement du moins vers le plus, de l'inférieur vers les cimes, et dès qu'on a atteint les plus hauts sommets, on en découvre de plus hauts encore. Quand on a une fois reconnu que le plus sûr moyen de comprendre l'univers, c'est d'admettre que l'avenir est cause du passé, que l'éminent est cause de l'inférieur, que l'Un est cause du multiple, il devient positivement impossible de ne pas déboucher sur une plus haute source de l'être et de la vie.

Bergson conclut son éloge de Ravaisson par ces mots : « *Quoi de plus hardi, quoi de plus nouveau, que de venir annoncer aux physiciens que l'inerte s'explique par le vivant; aux biologistes que la vie ne se comprendra que par la pensée; aux philosophes que les généralités ne sont pas philosophiques; aux maîtres que le tout doit s'enseigner avant les éléments; aux écoliers qu'il faut commencer par la perfection; à l'homme, plus que jamais livré à l'égoïsme et à la haine, que le mobile naturel de l'homme est la générosité*? » Et comme un véritable écrivain n'utilise jamais les mots au hasard, Bergson cite les lignes de Ravaisson à propos de la « générosité » : « *La société doit reposer sur la générosité, c'est-à-dire sur la disposition à se considérer comme de grande race, de race héroïque et même divine.* » Ce n'est tout de même pas à Bergson qu'il faudrait dire qu'il faisait du nazisme avant la lettre. Ce n'est pas une interprétation matérialiste qu'il faut donner de ces lignes; j'y verrais plutôt l'écho des mots de saint Jean : « *Quiconque est né de Dieu ne commet plus le péché, parce que la semence de Dieu demeure en lui. Et celui qui est né de Dieu ne peut plus pécher.* »

L'ambiguïté essentielle, et dont nous ne serons jamais débarrassés en ce monde, est que tout peut donner lieu à deux « lectures » contradictoires : une lecture matérialiste et une lecture spiritualiste.

Il y a ainsi une lecture « matérialiste » de l'histoire de l'humanité, qui s'attache moins au sens qu'à la constatation des faits. La constatation brute des faits ne mène jamais très loin, si elle n'est complétée par l'hypothèse ou l'idée directrice. Nous savons très bien cela depuis Claude Bernard. Le chien de Newton a vu tomber la pomme, mais il n'a pas perçu le sens de cette chute. N'empêche que la pomme est vraiment tombée, et que si Newton n'avait jamais rien vu tomber, il n'eût jamais découvert la loi de la gravitation universelle. Les faits existent et il est toujours bon de les constater, même si cela doit s'arrêter là. Très évidemment cela reste très court : au niveau du chien de Newton.

Certains de mes livres ont été traduits au Japon. Quand je reçois l'exemplaire justificatif, je ne manque jamais de l'ouvrir pour en admirer la typographie. Je ne peux aller au-delà, puisque le japonais est une langue dont j'ignore jusqu'à l'alphabet. C'est l'écriture du japonais qui me fascine. Mais enfin, même si j'en suis l'auteur, ce livre n'est pour moi que des dessins noirs sur du papier blanc : je n'y comprends rien. Ce livre se réduit pour moi à du noir sur du blanc, et menteur qui dirait que ce n'est pas vrai. Mais pour un lecteur japonais, ce livre est en outre tout autre chose que du noir sur du blanc, et menteur aussi qui dirait le contraire. C'est à peu près ce qui se passe pour celui qui *réduit* l'histoire à un récit « factuel » et pour celui qui en cherche le sens. Je peux dire que le christianisme a révélé un sens transcendant à l'histoire de l'humanité.

Chaque peuple a son histoire qui interprète les faits par rapport à la survie de ce peuple, à son ambition propre, à ce qu'on peut appeler sa « vocation » et l'orientation de son destin. Entre tous les peuples — et cela éclate à toutes les pages de la Bible —, le peuple juif a orienté l'histoire, dont il était à la fois l'acteur et le témoin, à laquelle il participait ou qu'il subissait malgré lui, vers une volonté spéciale de Dieu dont il était le serviteur. Tout lui était récompense ou châtiment. Avec les accidents de parcours que cela comportait, tout lui était préparation à l'accomplissement d'une Promesse qui lui avait été faite : l'avènement du Royaume de Dieu dont il était inconcevable qu'il ne fût pas le principal agent et le bénéficiaire privilégié.

Avec les surprises dues à la poussée ascensionnelle de tout ce qui est spirituel aussi bien que biologique, l'histoire chrétienne embraie sur l'histoire juive. Le Christ a accompli souverainement la Promesse faite jadis à Abraham, il a inauguré le Royaume de Dieu. Selon la dialectique constante de la vie, l'événement est tellement transcendant par rapport à la Promesse, que ce sont maintenant « *toutes les familles du sol* » — selon les mots adressés à Abraham — qui sont désormais susceptibles de participer à la Promesse réalisée. A ce sujet la lecture des Epîtres de saint Paul est incomparable. Il parle de ce « *sacrement* » du Christ, qui, dans les générations précédentes, est resté ignoré des enfants des hommes, comme jusqu'au dernier moment la tige ignore la fleur qui la couronnera. Ce sacrement vient d'être révélé dans l'Esprit aux Apôtres saints et aux saints Prophètes.

Quel est ce sacrement? C'est que les « nations » (il veut dire les païens) sont également prenantes de l'héritage de la Promesse. Elles s'incorporent à la Promesse. Elles sont coparticipantes à la Promesse faite une fois pour toutes à Abraham, parfaitement accomplie dans le Christ Jésus, Fils de Dieu et fils d'Abraham, dont la grâce opère cette participation à l'héritage génétique spirituel et à cette incorporation commune.

De ce nouvel « Israël de Dieu » selon la grâce, le Christ est naturellement la tête, il en est le cœur, par légitimité filiale première et de par sa Personnalité divine. L'Israël historique n'aurait pas dû se sentir frustré. Par la Vierge Marie, le Christ est aussi fils de David et fils d'Abraham.

Ailleurs, et pour donner au Christ toute l'étendue de ses titres, saint Paul ajoute : « *Il est l'image et l'étendard du Dieu invisible. En lui sont les assises de l'univers, dans le ciel et sur la terre, des choses visibles et des choses invisibles. Trônes, Dominations, Principautés, Puissances, tout a été créé par lui et en lui. Lui-même est antérieur à tous et tout trouve en lui sa consistance. C'est encore lui qui se trouve à la tête de ce corps qui est l'Eglise. Il est le Principe. Il est le premier-né* (le Fils aîné) *d'entre les morts. Primauté lui revient sur tous. Parce qu'il se trouve que le bon plaisir de Dieu a fait que toute la plénitude habite en lui, que la réconciliation de tout avec tout se fait par lui, qu'il pacifie tout ce qui est sur la terre et tout ce qui est dans le ciel, par le sang de sa croix.* »

S'adressant aux premiers chrétiens, et à nous tous, saint Paul ajoute : « *Quant à vous qui tantôt étiez aliénés, et ennemis de toute signification par vos actes mauvais, maintenant le Christ vous a réconciliés dans son corps de chair et par sa mort, afin que vous vous manifestiez saints, immaculés, irréprochables devant lui. A la seule condition que vous demeuriez fondés dans la foi, stables et inébranlables dans l'espérance de l'Evangile. Cet Evangile, vous l'avez entendu. Il a été proclamé sous le ciel dans l'univers entier. Et moi, Paul, j'en suis le ministre.* » Au risque de surprendre beaucoup de chrétiens d'habitude et de conformisme, et encore plus les chrétiens d'idéologie, l'Evangile, la grâce, la vie chrétienne, c'est une poussée biologique ascensionnelle et irrésistible, qui débouche sur des sur-réalités inépuisables et généreuses. Mais pour être surréelles, elles n'en sont que plus concrètes.

A l'époque où elles sont apparues sur terre, il y a deux mille ans, la révélation et la vie chrétiennes ont provoqué un double effet, dont saint Paul nous parle, une double contestation et un double rejet. Contre cette double contestation, contre ce double rejet, le christianisme a résisté dès le départ, non pas en composant, mais en accentuant, de manière irréductible et tranchante, son invincible identité : « *Tel fut le bon plaisir de Dieu : c'est l'absurdité même de la prédication qui fait que les croyants sont sauvés. Les Juifs réclament des miracles, les Grecs, eux, recherchent la sagesse. Nous autres, nous annonçons Jésus et Jésus crucifié : pour les Juifs, c'est un scandale, pour les païens, c'est une folie. Mais pour ceux qui sont appelés, qu'ils soient Juifs, qu'ils soient Grecs, c'est le Christ, Energie de Dieu et Sagesse de Dieu. Ce qui en Dieu est fou est plus sage que les hommes. Ce qui en Dieu est infirme est plus fort que les hommes.* »

Auprès des Juifs, la révélation chrétienne a fait scandale. Ils avaient une si haute idée de Dieu, croyaient-ils, que l'incarnation de Dieu dans le sein d'une femme leur parut un scandale insurmontable : c'est comme si Dieu lui-même se souillait. En plus, depuis deux millénaires, ils étaient habitués à considérer le vrai Dieu, créateur du ciel et de la terre, comme leur Dieu national; que le bénéfice de l'incarnation de Dieu soit étendu à « *toutes les familles du sol* » selon l'antique Promesse, leur fit l'effet d'une spoliation. Et c'est bien ainsi que se présentent les choses dans l'Evangile : « *Le Royaume de Dieu vous sera enlevé et sera transféré à celle des nations qui en portera les fruits.* » C'est ausssi une loi de la vie : quand un organisme est incapable de porter fruit, la vie passe dans un nouvel organisme capable de fécondité. Ne croyons pas que nous soyons dispensés de cette loi : à de multiples signes, on a le sentiment que la race blanche est éreintée, vidée.

Les Grecs étaient ceux des païens de l'époque avec lesquels saint Paul avait affaire. Le christianisme leur apparut comme une absurdité et une folie. Ils étaient pourtant habitués à des dieux de chair et de sang; mais ces dieux, ils ne les prenaient pas tout à fait au sérieux, ils les méprisaient secrètement, en tous les cas, ils ne les aimaient pas. C'est la révélation en Dieu de l'amour qui les frappa de stupeur. C'est la nature même de cet amour qui fit peur à ces gens, élevés dans l'harmonie et qui en étaient épris. Comme le dit saint Bernard — et cette conception de l'amour est strictement chrétienne : « *La mesure de l'amour est d'aimer sans mesure.* » Ils avaient poussé très loin le travail de la raison. La maison leur paraissait bien rangée : dans un cosmos immuable, chaque chose était à sa place, les dieux d'un côté, les humains de l'autre, les astres impérissables en haut, les êtres mortels en bas. L'obscur et implacable Destin dominait les uns et les autres. L'Empire romain était là, qui leur paraissait le chef-d'œuvre de l'organisation politique. Le sort limité de chacun et de chaque chose était assigné. L'ordre régnait, et il y avait en tout cela une sorte de splendeur paisible qu'il ne fallait absolument pas déranger, parce que c'était là le bien suprême de l'homme; quand cet ordre était consciemment perçu et volontairement accepté, c'était la récompense suprême du sage.

Tout à coup, la démesure. L'entrée par effraction de l'éternité dans le temps, l'irruption d'une dimension proprement infinie dans l'univers de l'harmonie. Que le cosmos dépendît d'un Premier Moteur, les Grecs le savaient, mais cela ne les dérangeait pas : un moteur n'aime pas et n'exige pas d'être aimé. Mais un Dieu unique et vivant, qui revendique comme siens tout l'être et toute seigneurie sur l'être, la vie et l'esprit; un Dieu qui abolit entre l'homme et lui-même tout intermédiaire, au point d'établir entre l'homme et lui un cœur-à-cœur où la vie et la raison humaines sont en risque de basculer, un Dieu incarné et qui a pourtant rejeté d'emblée tous les oripeaux dont leurs dieux à eux étaient affublés, un Dieu incarné qui a consenti en lui-même et pour lui-même à tout ce qui rend la condition humaine si précaire, qui a accepté toutes les misères de l'homme, y compris la douleur et la mort, tout hormis le péché, un Dieu qui était apparu sans le moindre faste, au point qu'on avait pu le confondre avec les autres hommes, le juger, le mettre au rang des scélérats, lui infliger la mort des esclaves, décidément cette histoire était dingue. Mais la folie est contagieuse : les adeptes de ce Dieu tenaient pour négligeables toutes les douleurs de ce monde mises en balance de ce poids de gloire, dont ils affirmaient qu'il serait leur lot dans une survie au-delà du monde qu'ils considéraient comme un accomplissement et le comble de la vie. Que les chrétiens prétendissent en outre, qu'après sa mort chargée d'ignominie, leur Dieu fût ressuscité dans sa chair pour vivre dans une éternité bienheureuse, désormais accessible à tous comme est devenu accessible l'infini de l'amour, décidément cela paraissait aux Grecs plus cinglé que tout.

Le christianisme leur fit peur comme les fous font peur. Ils se trouvaient désormais devant un risque incalculable, impossible à évaluer et donc à contenir, comme il est impossible de prévoir le comportement et les réactions d'un aliéné. La grâce leur fit peur d'autant plus qu'il leur paraissait impossible de se protéger contre elle. Les conversions les plus extraordinaires dans les milieux les plus surprenants firent que dans l'ordre social, on ne savait plus où on posait le pied. L'héroïsme des martyrs se révélait contagieux. Les instincts les plus sûrs étaient désorientés. Les Grecs se sentirent comme des castors dont les calculs constructeurs seraient tout à coup perturbés par une prodigieuse inondation : quand leurs digues et leurs maisons s'effondrent, surtout qu'on n'aille pas leur expliquer que leur salut est dans l'inondation et qu'ils se trouveront très bien de devenir poissons.

C'est bien ce genre de métamorphose qui nous est demandé. La théologie catholique a insisté fortement sur le fait que la grâce ne détruit pas la nature, qu'elle la surélève seulement; mais cette « surélévation » est tellement surprenante, jusqu'à nous faire participants de la nature divine, qu'il y a bien de quoi nous faire tourner la tête. Il s'agit pourtant bien de nous hausser au-dessus de nous, de notre pensée propre, de nos moyens propres. La foi, c'est cela. C'est aussi ce que veut dire le mot *extase*. La vie chrétienne, telle que nous devrions la mener, telle que les saints la mènent, est une « ex-stase », ce qui signifie « se tenir hors de soi ».

Quand Jean de la Croix définit la vie mystique : « *Deux natures en un seul esprit* », ce n'est évidemment pas de l'esprit humain qu'il s'agit, ce ne peut être que l'Esprit de Dieu. Au départ cet Esprit nous serait parfaitement inaccessible et étranger, si Jésus-Christ ne nous en avait donné l'accès et comme la clef. Etrange destin que celui de l'homme : le christianisme est venu pour nous rendre intenable notre condition humaine. Si l'homme tente de rester dans ses propres limites, il n'est que médiocre, inachevé; il semble qu'il ne puisse boucler sur lui-même. Il a tenté de le faire pourtant avec tous les stoïcismes. Mais le plus humain des stoïciens a quelque chose de raide auprès d'un François d'Assise.

S'il y a aujourd'hui une discipline relativement nouvelle, que l'on ne peut pourtant ignorer, c'est l'histoire des religions, qui a ouvert à la réflexion un immense domaine de recherches et qui nous éclaire si bien sur les comportements fondamentaux de l'être humain. Comment situer le christianisme dans ce foisonnement? La tentation est de n'en faire qu'une religion parmi tant d'autres. De lui accorder autant d'importance qu'à tant d'autres religions, ni plus, ni moins. Finalement de lui ôter toute vérité par impuissance à bien distinguer son éminence et sa singularité.

De manière plus générale, je crois qu'il n'y a eu au monde que deux sortes de religions : des religions spiritualistes, au sens où Bergson définit le spiritualisme; et des religions matérialistes, au sens où Bergson définit le matérialisme. Cela peut choquer que je dise qu'il y a des religions « matérialistes », mais je crois que cela est vrai. Je dirai même qu'il y a une manière matérialiste de concevoir et de pratiquer une religion spiritualiste. La religion hébraïque a été en son temps la plus spiritualiste de toutes les religions. Cependant Jésus-Christ a reproché aux pharisiens d'en avoir fait une pratique matérialiste et réductionniste.

Il y a de même une manière matérialiste de concevoir et de pratiquer le catholicisme, et c'est sans doute la meilleure manière de le trahir; elle est pour beaucoup dans la décadence présente du catholicisme occidental. Je crois que le modernisme est une manière matérialiste de concevoir le catholicisme. Encore une fois je citerai Péguy : « *On a fait beaucoup de bruit d'un certain modernisme intellectuel, qui n'est même pas une hérésie, qui est une sorte de pauvreté intellectuelle moderne, un résidu, une lie, un fond de cuve, un fond de tonneau, un appauvrissement intellectuel moderne, à l'usage des modernes, des anciennes grandes hérésies. Cette pauvreté n'eût exercé aucun ravage, elle eût été purement risible, si les voies ne lui avaient point été préparées, s'il n'y avait point ce grand modernisme du cœur, ce grave, cet infiniment grave modernisme de la charité.* [...] *C'est ce modernisme du cœur, ce modernisme de la charité, qui a fait la défaillance, la déchéance dans l'Eglise, dans le christianisme, dans la chrétienté même, qui a fait la dégradation de la mystique en politique.* »

Qu'il soit du cœur ou de l'esprit, le propre du modernisme est d'être un réductionnisme : il réduit le surnaturel au naturel, l'extravagant au rationnel, l'excessif à la mesure, la hiérarchie à la platitude, le tout à ses parties, le biologique au physico-chimique, l'ordre au hasard, la foi à l'hypothèse, la révélation au « scientifique », le poème aux signes typographiques, la merveille à l'analyse, et il fait de Jésus-Christ un vague bonhomme qui a vécu dans les marges de l'Empire romain et qui est mort d'une erreur administrative. Le modernisme est une réduction parfaite du christianisme à un matérialisme sans fissure.

M'en tenant toujours à la distinction de Bergson entre matérialisme et spiritualisme, distinction que je trouve profonde et vraie, je dirai qu'une religion matérialiste est une religion réductionniste qui ne rend pas justice à la poussée ascensionnelle des êtres vers le mystère suprême, lequel est le cœur même de la vraie religion. Le type même de ce matérialisme « religieux » est Voltaire qui, parlant de l'univers, disait qu'il ne comprenait pas que cette horloge marche et n'ait point d'horloger. Rien ne me paraît plus absurde et comique qu'un Dieu-Horloger qui passerait son éternité à remonter la machine du temps et les ressorts du monde. Voltaire était sûrement intelligent à sa manière, mais il ne comprenait le fond de rien. Le monde n'est pas une mécanique et son créateur n'est pas un mécanicien.

Bergson souligne fortement que l'« idéalisme » — ce qu'on appelle en philosophie l'« idéalisme » et qui, depuis Descartes est notre philosophie moderne — est aussi un matérialisme. Pour l'analyse du monde moderne, c'est plus important que tout. L'intellect travaille alors sur des abstractions de plus en plus générales, qui sont aussi de plus en plus vides de réalité. La religion se réduit à un système logique, voire « scientifique », qui ne la sort pas d'une matérialité de droit. Il n'y a de science que du mesurable et de la quantité. Historiquement, le christianisme a donné lieu toujours à ce genre d'interprétation rationnelle et même rationaliste; c'est ce qu'on a appelé les « gnoses » qui peuvent séduire par leur symbolisme, leur harmonie factice ou même leur « rigueur scientifique », mais qui sont en fait des parasitismes intellectuels, entés sur la souche chrétienne et qui en dissipent la substance.

A première vue, il semblerait que l'idolâtrie soit la religion matérialiste par excellence. Cependant l'idolâtrie a presque toujours un caractère ambigu qu'il faut déceler. Il s'y mêle souvent un symbolisme réel qui renvoie beaucoup plus loin que l'objet immédiat du culte. Dans les religions primitives, la représentation du Phallus ou le Totem de la Tribu signifient beaucoup plus que ce qu'ils sont : l'origine même de la vie. Et l'instinct est sûr qui associe l'adoration de l'homme, sa piété, sa gratitude, à l'origine de la vie. Le blasphème fondamental est de maudire la vie et la haute source dont elle découle. Le commencement du salut est au contraire de s'émerveiller devant la vie et d'en rendre grâce. Dans l'animisme et dans beaucoup de rites dits primitifs, on sent cet élan qui porte l'homme à dire merci pour la vie qui lui a été confiée, dont il est pour un temps le dépositaire, et dont il devra rendre compte. Il ne faut pas se hâter de mépriser des comportements qui font sa part au mystère, à la poussée ascensionnelle de la vie, qui prosternent l'homme devant son Origine et sa Destination, devant le secret du Sens.

A mon avis, la véritable idolâtrie ne commence qu'avec la rationalisation et la systématisation. Dans l'Epître aux Romains, saint Paul marque très nettement le passage de l'idolâtrie : l'homme commence à s'empêtrer dans des raisonnements et il « *défaille dans ses cogitations, son cœur affolé devient obscur, et c'est au moment où il se croit le plus sage qu'il devient le plus bête. Alors il n'y a plus de limite; et la gloire du Dieu incorruptible, il la pose sur n'importe quoi : des oiseaux, des quadrupèdes ou des reptiles* ». Hegel et Fichte ont opéré le même transfert quand ils ont attribué la gloire du Dieu incorruptible au bipède raisonneur.

Aussi terrible qu'elle soit, aussi blessante qu'elle soit pour nous, il y a un vrai soulagement de connaître la vérité telle qu'elle est et de l'énoncer nettement. Cette vérité, notre vérité, la voici : le monde moderne est idolâtre, nous sommes des idolâtres, parce que nous cassons l'élan qui nous entraîne vers le Dieu incorruptible et nous avons l'audace de déposer l'hommage d'adoration sur nous-mêmes et sur nos propres cogitations. A la vérité aujourd'hui, notre idolâtrie même est une idolâtrie d'habitude, nous n'y croyons même plus beaucoup. Notre fameux culte de l'homme est exténué, il est en décadence, à ce moment précis où ses augures ne peuvent se rencontrer sans rire. Mais nous continuons de pratiquer ce culte et d'envoyer un coq à Esculape. Que dis-je un coq! Nous le savons bien, nous l'avons vu de nos yeux : les grandes idéologies modernes, toutes nées du culte de l'homme, ne se contentent pas d'un coq. Ce sont des millions d'hommes qu'elles sacrifient bêtement, ah, oui, bêtement. Et notre cœur fou n'en est que plus obscur.

Pour ceux qui ont vécu la nuit nazie sur l'Europe il est difficile d'imaginer que tant de turpitude, de cruauté, d'atrocité, un tel génie de l'humiliation de l'homme, soient naturellement sortis de cœurs humains. Derrière un si vaste déploiement du mal, il y avait Quelqu'un d'Autre, comme autrefois derrière les statues de Baal ou d'Astarté ou derrière un Moloch auquel on immolait des enfants. Nous avons industrialisé les Moloch, ils sont devenus immenses, à la mesure de la « *mass production* » dans le meurtre.

Aujourd'hui encore Soljénitsyne aussi bien que Zinoviev dénoncent le mensonge comme essentiel à la société communiste et fondement indispensable du meurtre en série. Le moins qu'on puisse dire est que la pratique du marxisme-léninisme ne grandit pas les hommes. Nous nous croyons trop civilisés pour adorer une statue de Baal ou celle d'Astarté. Mais, selon les vues profondes de Bergson, les idéologies abstraites sont encore plus avilissantes et cruelles que des statues de bois ou de marbre. Nous leur faisons des sacrifices plus vastes et combien plus terribles. Les générations futures nous considéreront comme les plus barbares d'entre les hommes, même si nous essayons de donner à notre barbarie un visage humain.

Comme je suis quand même là pour dire ce que je pense, je dirai la brûlante déception que fut pour moi le dernier Concile. Les Pères ont eu comme un phénomène d'amnésie : ils ont eu l'air de ne pas se souvenir de l'horreur nazie, peut-être pour n'avoir pas à condamner l'idéologie jumelle qui est le communisme. Ils n'ont pas dénoncé pour ce qu'elles sont, des idolâtries, les grandes idéologies qui asservissent les hommes de notre temps; et quand, dans l'enceinte même du Concile, les mots « culte de l'homme » ont été prononcés, le coq de saint Pierre a dû chanter trois fois dans les caves du Vatican. Mais dans l'euphorie de cette fin de Concile, nul ne l'a entendu, et personne n'a pleuré, sauf peut-être la *Pietà* de Michel-Ange.

Quand on lit les grands savants, et particulièrement les grands biologistes, on discerne bien entre eux la même ligne de démarcation, selon qu'ils inclinent vers le réductionnisme ou qu'ils acceptent toute l'aventure de la poussée ascensionnelle de la vie et de la hiérarchie de l'univers vivant. Il y a ceux qui haïssent le mystère, et ceux qui ne refusent pas de s'incliner devant lui. Il y a ceux qui alignent l'homme sur l'animal et ceux qui pressentent que l'homme débouche sur un univers insondable où il trouve sa raison d'être, sa trajectoire et sa destination finale. Il y a ceux pour qui la vie est leur territoire à eux, qu'ils ont marqué comme une bête marque son territoire, et qui repousseront tout envahisseur, cet envahisseur serait-il Dieu lui-même. Et puis il y a ceux qui sont des nomades et des navigateurs, toujours prêts à changer d'horizons, toujours prêts à affronter le risque de l'inconnu, lui donnant à l'avance sa chance, y compris sur eux-mêmes et sur leur propre cœur. Ces derniers sont moins loin qu'on ne croit, même s'ils ne sont pas explicitement croyants, de l'animisme du primitif. Je ne crois absolument pas que ce rapprochement puisse être considéré par eux comme une offense.

Toujours selon la séparation décisive que Bergson introduit entre matérialisme et spiritualisme, je ne puis dire à quel point je me méfie des religions « intellectuelles » ou « morales ». Je ne crois même pas qu'elles méritent la dénomination de « religions », car véritablement à quoi nous relient-elles? A un système de pensée ou à un code, c'est-à-dire à un système d'action. Or ce qui est systématique laisse passer la plus profonde réalité comme l'eau au travers d'un filet, c'est du matérialisme.

Je suis en outre profondément scandalisé qu'on parle de ma religion catholique comme d'une idéologie : c'est là un épouvantable réductionnisme de ce qu'il y a au monde de plus sacré et de plus sauveur. Ce réductionnisme fait passer n'importe quelle religion du plan spiritualiste au plan matérialiste. Au lieu d'être une voie ouverte vers Dieu, cette religion « idéologique » devient instantanément une muraille infranchissable qui empêche l'accès à Dieu. Avec parfois une candeur effrayante, l'œcuménisme moderne a souvent pratiqué ce réductionnisme des diverses confessions au plan idéologique. Dès lors quelle force spirituelle peuvent-elles opposer à une idéologie autrement armée qu'elles-mêmes, l'idéologie marxiste par exemple? Celle-là au moins se dit, se veut, se sait idéologie, et ne se veut que cela.

Le physico-chimique, le biologique, le domaine de l'intelligence, le domaine de la grâce divine, cela fait quatre ordres qui, dans l'homme, sont moins superposés qu'intégrés l'un à l'autre. L'intégration de l'ordre inférieur au supérieur n'empêche absolument pas la transcendance du supérieur. Jamais le physico-chimique ne peut rendre entièrement raison du biologique. Jamais le biologique, végétal ou animal, ne peut rendre compte de la pensée humaine. Jamais l'intelligence pure ne peut rendre compte de la grâce et de l'ordre divins. Ce qui veut dire que la spontanéité du vivant est une sorte de miracle par rapport au physico-chimique; le phénomène de la pensée et de la liberté est une sorte de miracle par rapport au biologique; le phénomène de la grâce et de la participation de l'homme à la vie divine est un miracle absolu par rapport à tous les ordres inférieurs. Ces ordres inférieurs, la grâce les pénètre cependant, elle les utilise, d'une certaine manière elle les modèle.

La vie des saints et des grands mystiques est remplie de miracles, d'anomalies biologiques et même physiques, qui surprennent beaucoup les badauds, mais qui ne m'épatent pas. Je trouverais surprenant au contraire que la grâce divine, qui est tellement concrète, efficace et vivante, n'ait aucun effet sur les ordres inférieurs, quand elle s'empare d'un homme ou d'une femme, quand elle anime et règle toutes les pulsions de leur vie, y compris les couches inférieures de la biologie. Saint Paul dit quelque chose comme cela quand il dit que, dans la veille comme dans le sommeil, il est toujours avec Jésus-Christ.

C'est dans cette perspective que je considère les miracles et leur signification : l'étonnant serait qu'il n'y en ait pas. De même que tant que la vie est dans un corps, l'étonnant n'est pas que le cœur batte, ce serait, la vie étant toujours là, qu'il ne batte plus.

En Jésus et par lui, la Divinité elle-même a fait irruption, physiquement irruption dans les ordres inférieurs. Quand je parle de la Divinité, je parle du vrai Dieu, celui qui a créé le ciel et la terre, qui tient le cosmos tout entier à l'intérieur de son énergie originelle et organisatrice. Comment concevoir que cette irruption n'ait aucun effet sur les ordres inférieurs de l'intelligence, de la biologie et jusque dans le physico-chimique, sur les éléments, le vent et la mer? Dieu, en chair et en os, ne se promène pas parmi nous sans que le cosmos tout entier ne tressaille, reconnaissant en lui sa propre origine. Ce qui m'étonne dans l'Évangile n'est pas qu'il y ait des miracles, c'est qu'il n'y en ait pas davantage.

D'ailleurs, à chaque page de l'Évangile, on voit bien que, plutôt que de faire un effort pour faire un miracle, le Christ se retient d'en faire : ceux qu'il a produits lui ont comme échappé. Il ne voulait pas éblouir, il voulait être compris, et, à sa hauteur qui était celle de Dieu, il voulait être aimé. Ses miracles arrivaient pour souligner un enseignement surnaturel, pour souligner qu'il avait le pouvoir de remettre les péchés, pour stimuler une espérance au-delà du monde. C'étaient des paraboles en actes. La multiplication des pains n'est là que pour présager l'Eucharistie et l'enseignement sur le Pain descendu du ciel. Jésus voulait que ses miracles fussent une illustration, mais une illustration doit expliquer le texte, elle ne doit pas en divertir. Combien de fois Jésus ne commande-t-il pas aux bénéficiaires de ses miracles de n'en rien dire, de ne pas les publier?

Qu'il ait fait des miracles, *pour Jésus*, quoi de plus *naturel?* Cela signifie simplement qu'il était bien ce qu'il disait être. Si pour le règne minéral, la vie est miracle; si pour le règne animal, la pensée est miracle; à plus forte raison, pour tous les règnes inférieurs, la grâce est miracle. S'il y a moins de miracles aujourd'hui, c'est peut-être que la grâce de Dieu se lasse de nos infidélités et de notre outrecuidance intellectuelle. Le miracle des miracles, c'est Jésus-Christ lui-même. Il n'y a pas de parole de l'Évangile plus terrible que cette menace prononcée par Jésus lui-même : « *Et voici, je vous laisse votre maison, déserte.* »

Dans toute l'Écriture Sainte, l'Épître aux Hébreux est par excellence la charte de la foi judéo-chrétienne, la charte de ma foi. Dans cette Épître, il y a un texte, que je citerai d'abord en latin à cause de la majesté de l'expression et que je traduirai ensuite de mon mieux, dans le contexte de tout ce livre : « *Nos autem, non sumus subtractionis filii in perditionem, sed fidei, in adquisitionem animae* » (X, 39). « *Quant à nous, nous ne sommes pas fils de la soustraction et de la dérobade pour la perdition de notre âme, nous sommes enfants de la foi, pour la conquête et la croissance de notre âme.* »

Rien n'est plus contraire à la foi catholique que la dérobade, l'amoindrissement, la soustraction, le réductionnisme. Or l'abstraction

— le mot même le dit, — est aussi une soustraction, soustraction de ce qui est la réalité : c'est l'idée de la chose sans la chose, l'idée de Dieu sans Dieu. Essentiellement c'est l'ABSENCE, le plus grand des maux. La vraie religion n'a que faire de ce qui n'est pas Dieu, même de son idée. C'est Dieu, le vrai Dieu, dont elle a faim et dont elle s'assouvit. Pas plus que l'idée du pain ne nourrit son homme, l'idée de Dieu ne fait une vraie religion. Je me méfie d'une théologie trop vouée aux idées, aux syllogismes, à la logique, à l'abstraction. Une théologie dans l'abstrait devient une idolâtrie.

Et voici, parmi toutes les religions, cette religion, une seule, totalement vouée au concret, où Dieu, qui est au sommet inaccessible de tout l'être et de toute la hiérarchie des êtres visibles et invisibles, a pris corps dans le sein d'une femme, non seulement pour se révéler à nous, mais surtout pour habiter parmi nous, avec nous, d'une présence physique permanente. « *Et la Parole s'est faite chair, et elle a dressé sa tente parmi nous. Nous avons vu sa Gloire, Gloire du Fils Unique engendré par le Père, plein de grâce et de vérité.* » Saint Paul explique la même chose à son disciple Tite;

son langage est d'une telle concision — alors qu'à notre époque nous sommes habitués au délayage et à la laxité de langage — qu'il nous faut déployer une attention particulière pour entrer au sein de cette densité. « *Sont enfin apparues la bénignité et l'humanité de notre Sauveur et Dieu. Alors, quelles que soient les actions de justice et de sainteté que nous ayons accomplies, ce n'est pas par elles mais par la seule miséricorde de ce Dieu-Sauveur que nous sommes faits sauvés par le baptême de régénération et de rénovation de l'Esprit-Saint, qui s'est répandu en nous avec abondance par Jésus-Christ, notre Sauveur. Justifiés sommes-nous ainsi et sanctifiés par sa grâce, devenus héritiers du même patrimoine génétique que le sien, selon l'espérance de la vie éternelle.* »

Saint Paul conclut, et ces paroles, je les ai toujours tenues comme à moi personnellement adressées : « *Le discours que je te tiens est sûr. Tu dois t'y fier. Je veux que sur ce point tu sois affirmatif, pour que ceux qui ont donné à Dieu leur foi se préoccupent d'exceller dans les actes de l'honneur.* » De ces derniers mots, la traduction est malaisée. Le texte grec dit « *les belles actions* ». Le texte latin dit « *les bonnes œuvres* », mais nous en avons ras le bol des « bonnes œuvres ». J'ai préféré traduire les belles actions par « les gestes de l'honneur » : en effet il y a un *honneur chrétien*, qui fait partie du patrimoine du Christ et dont la traduction élémentaire est que le Christ n'ait pas à rougir de nous devant son Père. Cela est dit très nettement dans l'Évangile.

Dans cette religion chrétienne, Jésus-Christ, parce qu'il est à la fois Dieu et homme, est devenu le centre magnétique universel, l'unique pôle d'attraction, l'objet de l'adoration et du culte, en même temps que le Grand Prêtre de ce culte, et aussi la seule victime expiatoire pour tous, l'hostie suprême, le carrefour de toutes les vertus, la somme de toutes les espérances, l'objet immédiat de la foi et de l'amour, lui, Jésus-Christ, pleinement homme, fils d'Abraham, de David et de la Vierge Marie, fils aussi d'Adam et d'Ève, Fils aussi de Dieu, Sagesse et Parole de Dieu, Dieu procédant de Dieu, Lumière de Lumière, vrai Dieu du vrai Dieu.

Nous autres, chrétiens, nous n'adorons ni

un surhomme, ni un demi-dieu, ni un dieu à notre image comme Apollon ou Dionysos, nous adorons carrément un homme, et pourtant nous ne sommes pas idolâtres, parce que cet homme est Dieu en Personne, véritablement Dieu. En lui, nous adorons Dieu, et nulle religion n'a poussé plus loin que la nôtre la transcendance de Dieu, sa résidence dans une lumière inaccessible, sa toute-puissance sur l'univers et sur nous-mêmes, son incomparable majesté, les devoirs d'adoration qui lui sont dus.

Nous autres hommes, nous sommes matière et esprit, mais nous sommes aussi liberté. Nous, chrétiens, nous reconnaissons que tout ce que nous sommes, y compris notre liberté, nous le tenons du Dieu Créateur. Nous reconnaissons pourtant que notre liberté peut refuser à Dieu lui-même l'hommage qui lui est dû; nous pouvons choisir contre lui. Notre liberté nous fait capables de révolte, de blasphème, et nous ne serions pas libres si nous ne pouvions pas blasphémer. La création inanimée et l'animal accomplissent leur loi et leur instinct, ils ne peuvent ni se révolter, ni blasphémer.

Mais, toujours parce que nous sommes libres, nous sommes aussi capables d'adoration, d'obéissance, d'amour. Nous pouvons découvrir notre code génétique spirituel, comme nous découvrons les codes génétiques du vivant, et, l'ayant découvert, choisir librement d'en accomplir le vaste programme. En même temps, nous découvrons que Dieu est amour, qu'il a tant aimé le monde qu'il nous a donné son Fils, que de ce Fils nous pouvons faire ce que bon nous semble, un chef, notre compagnon ou un otage. Nous découvrons aussi que nous sommes faits pour aimer Dieu, que rien ne nous est plus aimable que de l'aimer en Jésus-Christ, notre frère, notre premier de cordée. Pour un chrétien, la merveille des merveilles est que Jésus-Christ, Parole créatrice de Dieu incarnée, résume toute notre religion, ou plutôt toute notre religion se résume en lui. Il nous suffit de l'aimer, de le suivre, de l'imiter, pour accomplir tous les devoirs à la fois de notre cœur et de notre religion. Comme le dit encore Péguy que je cite cette fois pour la dernière fois : « *La morale a été inventée par des malingres. La vie chrétienne a été inventée par Jésus-Christ.* »

A l'intérieur du christianisme, l'alternative, Dieu ou le Christ, est un faux dilemme puisque dans le Christ réside la plénitude de la Divinité. C'est l'un de ces nombreux faux dilemmes dont pullule la réflexion contemporaine. Ces faux dilemmes proviennent tous de ce que nous avons des choses une vue matérialiste et réductionniste, alors qu'elles trouvent naturellement leur harmonie à l'échelon supérieur de la vie.

Nous adorons Jésus-Christ d'adoration, et nul ne peut nous accuser d'idolâtrie. Nous adorons la Divinité de Jésus-Christ et nul ne peut nous accuser de rabaisser Dieu ou de l'avilir. C'est vrai que Dieu a tout accepté de la nature humaine sauf le péché, il s'est humilié en Jésus-Christ. Il a voulu se faire acceptable par nous et nous faire la révélation la plus intime de lui-même au-delà de laquelle il ne pouvait aller, et qui pourrait en même temps hausser la liberté humaine dans un accomplissement d'elle-même absolument imprévu et prodigieux. En Jésus-Christ, Dieu appelle les hommes à partager son amour, c'est-à-dire qu'en Jésus-Christ et par Jésus-Christ, il les lave de leurs péchés, les fait dignes de l'aimer et d'être aimés de lui.

Sommes-nous suprêmes? Telle est la question que nous posent aussi bien l'histoire et la nature que la science et la révélation. Bien évidemment, s'il y a un Dieu, nous ne sommes pas suprêmes. Il ne suffit pas de dire que la question ne nous intéresse pas et qu'il nous importe peu de savoir s'il y a un Dieu ou pas. Je n'aime pas non plus la manière dont Pascal nous met le marché en main en nous expliquant que de toute manière nous n'avons rien à perdre si nous croyons en Dieu. Le fait est que la question se pose, et il est indigne d'un homme d'écarter d'autorité une question qui se pose objectivement. L'attitude de bien des savants est déconcertante à cet égard. Je ne comprends absolument pas qu'un savant, formé aux disciplines et à la curiosité scientifiques modernes, puisse un seul instant borner son interrogation, lui assigner par décret des limites infranchissables, agir au fond comme Dieu dans le Paradis terrestre : « *Tu ne mangeras pas de ce fruit!* »

La distance ontologique entre Dieu et

l'homme est plus grande, infiniment plus grande qu'entre l'homme et le chien, qu'entre l'homme et l'abeille. Cette distance proprement infinie existe dans la réalité de la hiérarchie cosmique. Si, de la bactérie à l'homme, l'évolution a été constamment promotionnelle, pourquoi cette évolution et cette promotion s'arrêteraient-elles à l'homme? Nous voyons tous les jours l'intervention d'un individu de l'échelon supérieur auprès d'individus ou d'un groupe d'individus de l'échelon inférieur. Nous ne nous en étonnons pas. L'homme élève les abeilles, il dresse les chevaux et les chiens. Ce que nous appelons « révélation » et « grâce » sont des interventions de Dieu à l'échelon humain, infiniment inférieur à Dieu. Quand saint Paul nous dit que, par l'incarnation du Fils de Dieu, nous pouvons devenir les « *domestici Dei* », les « domestiques de Dieu », les familiers de Dieu, des gens de sa maison et de son clan, il faut l'entendre aussi au sens où nous disons de nos animaux préférés, des animaux « domestiques » ou des animaux « familiers » : ce que sont devenus les chevaux et les chiens par rapport à leur état sauvage. Cela nous choque et j'admets que ce n'est qu'une analogie. Mais l'analogie aide à comprendre, elle est faite pour ça.

L'intervention de l'homme dans l'échelon inférieur peut être ressentie d'abord comme une agression. Nous le voyons bien au cinéma quand on nous montre la capture et le premier dressage de chevaux sauvages dans la Prairie. Nous voyons aussi que, plus l'animal est rétif, plus l'homme se pique au jeu, plus il s'y engage d'honneur, plus il témoigne de patience, de force, de ruse, d'intelligence, d'autorité, pour « domestiquer » le superbe sauvageon.

Comme le cheval sauvage, l'homme moderne ressent l'approche de Dieu comme une agression. Bien loin de lui sembler un privilège et une promotion, la « domestication » de l'homme par Dieu lui semble une humiliation et une « *diminutio capitis* », une décapitation. Si entre toutes les générations d'hommes depuis l'origine, il y a eu une génération sauvage, rétive à la seule pensée de tomber dans la domesticité divine, c'est bien notre génération. Je crois aussi que Dieu se pique au jeu, qu'il se pique d'honneur dans l'entreprise, et qu'il va déployer ses infinies ressources d'intelligence, de patience, de charme, de ruse, pour amadouer l'homme, l'amener peu à peu à servir librement. Il est toujours remarquable combien Dieu préfère mettre l'accent sur la persuasion plutôt que sur l'autorité.

Oh! je sais bien, les mots « domestiquer », « servir », « service », sonnent fort mal à nos oreilles, ils nous les écorchent comme on dit. Essayons de dominer nos nerfs, essayons de comprendre! Dans tout l'immense champ de la vie, n'est-ce pas la loi universelle que le supérieur utilise et finalise l'inférieur, qu'il l'intègre? Pourquoi y échapperions-nous? Sommes-nous suprêmes? Les biologistes ont découvert avec assurance la loi d'intégration de l'inférieur par le supérieur, c'est quand cette loi n'est pas assurée qu'il y a danger de mort. Rappelez-vous ce qu'écrivait le Pr Grassé : « *Obéir ou mourir!* » Dans l'ordre biologique, cette loi est rigoureuse. Elle l'est moins pour les chevaux sauvages, qui peuvent fort bien survivre sans l'homme et à l'état sauvage. Mais la loi qui nous lie à Dieu est rigoureusement biologique. Dieu est notre raison d'être et notre destination finale. Il n'est pas concevable que nous puissions finalement survivre hors de lui.

Ce qui fait mal à l'homme moderne, c'est de constater qu'il n'est pas purement et simplement autonome, indépendant, suprême, non seulement dans son ordre propre, mais dans tous les ordres de tout le cosmos. Ce qui lui fait mal, c'est de n'être pas Dieu. Eh bien, que cela lui plaise ou non, que cela lui fasse mal ou pas, il n'est pas Dieu, c'est évident, c'est de plus en plus évident! Certes sa vocation est aussi de dominer la nature, c'est écrit dans la Genèse, et de cette tâche il s'acquitte actuellement fort bien du moins à son niveau. Cela lui monte aussi à la tête. Mais c'est de Dieu même qu'il tient cette mission, d'ailleurs limitée. Sa vocation complète est de se retourner vers le haut pour connaître Dieu, l'aimer et le servir, de s'intégrer, à sa manière et librement — par amour, oui, par amour — à l'ordre divin qui lui est généreusement ouvert.

Nous ne sommes pas suprêmes. Si nous l'étions, nul ne pourrait nous forcer à mourir.

Du moment que nous mourrons, nous ne

sommes pas suprêmes. Du moment que nous ne sommes pas suprêmes, autant vaut le reconnaître et nous comporter librement en subordonnés. L'honneur de l'homme est de reconnaître sa condition fondamentale et d'y conformer son action. La première des obligations de l'homme, c'est, comme le disait Catherine de Sienne, d'être infiniment respectueux de tout ce qui est, et cela mène nécessairement à l'adoration de Dieu, Origine et Fin de tout ce qui est. Tout le reste nous sera donné par surcroît.

Me voici au terme de ce livre. Je m'aperçois que je n'ai fait qu'amorcer mon sujet. Je n'ai parlé ni de l'Eglise catholique, ni de l'Ordre dominicain, ni de la France, auxquels j'appartiens pourtant corps et âme. Je n'ai pas parlé de la mort, qui est naissance à l'éternité de cet être en gestation que je suis pendant toute ma vie mortelle. Je n'ai pas parlé de beaucoup de choses capitales, dont je vis.

On reprochera peut-être à ce livre de n'être pas sentimental. Mais je ne suis pas sentimental. J'ai une très bonne santé, je suis bien dans ma peau, et je préfère rendre à Dieu l'hommage libre d'une intelligence qui essaie de se soumettre à la sublime obéissance au Christ que les cris d'écorché vif d'une âme tourmentée.

Par nature et par création, nous sommes des esprits immergés dans la matière. Quelques-uns deviennent charnels jusque dans leur esprit. Notre vocation est de devenir spirituels jusque dans notre corps. Cela transparaît sur le visage des saints. Mais pour nous autres, hommes, le reniement de notre corps serait une soustraction qui nous mettrait hors de notre état de nature et de création. Si le Fils de Dieu s'est incarné, c'est aussi pour le salut de notre corps et pour le rendre spirituel, du moins spiritualisé. Comme le dit l'Épître aux Hébreux, la foi ne nous fait pas fils de la soustraction, mais elle fait de nous des enfants de la croissance et de la multiplication pour la conquête de nos âmes.

Certes, je crois à tous les articles du CREDO qui exprime la foi catholique, et je n'ai aucun complexe d'infériorité d'y croire. Mais avec toute la gratitude dont je suis capable, je m'agenouille devant ceux de ces articles qui nous affirment sans la moindre équivoque que Dieu a pris corps dans le sein de la Vierge Marie, qu'il est né d'elle, qu'il a souffert, qu'il a été crucifié sous Ponce Pilate, qu'il est mort, qu'il a été enseveli, que le troisième jour il est ressuscité des morts dans ce même corps né de la Vierge Marie et que, dans ce même corps, il est monté au ciel où il siège à la droite du Père. Et qu'il reviendra sur les nuées du ciel pour juger les vivants et les morts.

Je crois à la Vie éternelle. Mais je crois aussi à la résurrection de la chair, instrument pour nous indispensable pour que nous soyons tout à fait présents, d'une présence d'amour, et même à Dieu.

Je trouve cela épatant.

BIBLIOGRAPHIE

Plutôt que d'énumérer un nombre considérable de titres, j'ai préféré sélectionner quelques livres, qui peuvent aider les lecteurs soucieux d'approfondir les questions que je soulève. A chaque titre, j'ajoute une note qui n'engage que mon jugement personnel :

François Jacob, LA LOGIQUE DU VIVANT (Gallimard, 1971).

Le Pr Jacob est Prix Nobel de Médecine. C'est dire l'autorité de son livre dans le domaine biologique. Quelle que soit cette autorité, la philosophie sous-jacente me paraît hautement contestable, systématiquement réductionniste.

Pierre-Paul Grassé, TOI, CE PETIT DIEU (Albin Michel, 1971).
— L'HOMME EN ACCUSATION (Albin Michel, 1980).

Le Pr Grassé est entomologiste et également biologiste. Ses méthodes scientifiques sont extrêmement rigoureuses. Ses livres sont passionnants. Ses conclusions sont nettement spiritualistes.

Arthur Koestler, JANUS (Calmann-Lévy, 1979).

Arthur Koestler, depuis vingt-cinq ans, est fasciné par l'essor prodigieux des sciences modernes, particulièrement de la biologie. Il aborde les problèmes avec un esprit libre et une intelligence aiguë. Son livre est accessible et prodigieusement illuminateur. De tous les livres que j'ai lus pour écrire le mien, c'est celui auquel je dois le plus.

Pierre Chaunu, HISTOIRE ET FOI (France-Empire, 1980).

C'est un livre intéressant, qui reprend l'antique tradition de l'apologétique chrétienne, en liaison avec la problématique de la science moderne.

Christian Chabanis, DIEU EXISTE? — OUI (Stock, 1979).
Christian Chabanis a interviewé diverses personnalités au sujet de l'existence de Dieu. Dans la première partie du livre, il a recueilli les réponses de quelques savants. Ces réponses sont à la foi surprenantes et très éclairantes.

Claude Tresmontant, SCIENCES DE L'UNIVERS ET PROBLÈMES MÉTAPHYSIQUES (Seuil, 1976).
Enfin un livre qui fait de la philosophie à partir du réel tel qu'il nous est révélé par les sciences expérimentales modernes et qui redonne vie à l'antique tradition aristotélicienne.

Maurice Clavel, DEUX SIÈCLES CHEZ LUCIFER (Seuil, 1978).
J'ai un faible pour ce livre de M. Clavel, le dernier publié de son vivant. La rigueur et l'intrépidité de son intelligence et de sa foi y prennent tout leur essor. Il a l'audace d'enlever le masque de celui qui inspire la philosophie dite « moderne ».

Henri Bergson, OEUVRES (Presses universitaires de France, 1970).
J'ai lu Bergson tardivement. Son œuvre garde une prodigieuse actualité. Le temps a effacé les malentendus qui ont environné cette grande œuvre d'inspiration profondément spiritualiste et qui a libéré tant d'âmes. Le souci de Bergson de rester en contact avec le progrès scientifique en fait un maître toujours vivant.

Je ne cite que pour mémoire les maîtres qui m'ont formé, Maritain et Gilson, et surtout le texte de Thomas d'Aquin et celui de la Bible, que je lis en latin et qui me sont une référence familière aussi bien dans mon travail que dans ma méditation.

TABLE DES MATIÈRES

ONT PUBLIÉ DANS LA COLLECTION

CE QUE JE CROIS

Robert Aron, *de l'Académie française*
Hervé Bazin, *de l'Académie Goncourt*
Gilbert Cesbron
André Chouraqui
Maurice Clavel
Robert Debré
Jean-Marie Domenach
Jacques Duclos
Luc Estang
Edgar Faure
Françoise Giroud
Jean Guéhenno, *de l'Académie française*
Jean Guitton, *de l'Académie française*
René Huyghe, *de l'Académie française*
François Mauriac, *de l'Académie française*
André Maurois, *de l'Académie française*
Louis Pauwels
Jean Rostand, *de l'Académie française*
Pierre-Henri Simon, *de l'Académie française*
Vercors

Cet ouvrage a été réalisé sur
SYSTÈME CAMERON
par Firmin-Didot S.A.
pour le compte des éditions Grasset
le 4 février 1981

Imprimé en France
Dépôt légal : 1er trimestre 1981
N° d'édition : 5477 — N° d'impression : 7401
ISBN 2-246-21271-5